未读 A志DR | 文艺家

# 隐身大师

*ADOLFO KAMINSKY,*
*UNE VIE*
*DE FAUSSAIRE*

Sarah Kaminsky

[法] 萨拉·卡明斯基 ——————— 著　廖晓玮 ——————— 译

北京燕山出版社
BEIJING YANSHAN PRESS

献给莱拉

À Leïla.

　　小时候，我对父亲的生活一无所知。我是三个孩子里最小的那个，在我看来，他跟其他父亲一样平凡，总是教育我要遵纪守法。在家里，他也从未提及年轻时做伪造者的往事。不过，确实曾经有一件事让我起疑。那天我在学校里考砸了，决心向父母隐瞒一切，于是打算模仿母亲的笔迹签字，我从来不敢伪造父亲的，因为根本做不到。我先在纸上来来回回练习了半天，随后小心翼翼地在考卷上签了字。后来，母亲无意中看到我的本子，立刻明白我在作假，把我大骂了一顿。我满心羞愧，回房间钻进毯子里。父亲下班回家，他走进我的卧室。我躲在毯子下面吓得要死，以为会被斥责一顿，但父亲在床边坐下，拿着我的本子突然笑出了声，他笑得太用力，根本停不下来。我把脑袋伸出毯子，满心疑惑。父亲一脸笑意地看着我说："你至少该伪造一个更像的啊，萨拉，你看看你签的字多小！"随后他就大笑着离开了。

　　我也说不上来到底是哪天知道的。因为父亲从没把全家人聚在一起说："孩子们，我有件重要的事情要宣布。"我是慢慢地才

i

有所了解。小时候我喜欢把耳朵竖起来听大人们聊天，当时我就听说父亲曾参加过"二战"和阿尔及利亚战争。作为一个小女孩，我一直以为"参战"的意思就是当兵。我很难想象父亲这样一个非暴力和平主义者戴着头盔扛着枪的样子。后来，有出版的书里提到他的名字，他本人也出现在一些纪录片中。直到那时我还天真地以为自己什么都知道，完全想不到等我终于长大成人后，会花上几年的时间来整理、编辑父亲的传记。我需要唤醒无数记忆，找到数不清的人，拜访无数的地方。

父亲之前的战友分散在世界各地，想拜访他们的话就要跑很多地方：有的在葡萄牙，有的在阿尔及利亚，还有的在以色列、瑞士、意大利、美国、拉丁美洲……其中有些人早已失联，有的甚至可能已经去世了，尽可能多地找到并采访他们成了一件非常急迫的事，因为尚且在世的见证者不多了。我意识到时间正飞速流逝，父亲也已不再年轻，他将马上迎来七十八岁生日，而我二十四岁，刚刚有了自己的儿子阿莱克。所有这一切触动了我的神经，我第一次意识到，父亲并不会长生不老。阿莱克的出生给我带来了喜悦和希望，同时也带来了担忧：阿莱克会有机会了解他的外公吗？如果不能，那是否将由我来给他讲述外公非凡的一生呢？

有一天，当阿莱克正在婴儿车里牙牙学语时，我问父亲能否让我为他写本书，父亲二话没说就答应了。当天，我回到家后接到了父亲的电话，他说他只担心一件事："萨拉，你知道有个东西叫'法定时效'吗？"父亲想知道的第一件事就是：哪怕他曾经救过成千上万人的生命，如今是否仍会面临进监狱的风险。因为每一次父亲帮助那些被压迫的人，其实都是在触犯法律。他为了这份"事业"甘冒坐牢的风险，运气不好的话甚至会被判死刑。这也就是为什么父亲直到那么多年以后才同意揭开自己的秘密。

　　我们约定每周二和周四的下午见面。我提醒父亲："你得回答我提出的每一个问题，哪怕要为此唤醒一些痛苦的回忆。所以，你确定要和我分享这一切吗？"他热切地回答说："是。"然而，我们的第一次见面却是一场灾难。为了不遗漏聊天中的任何细节，我带了一个录音机，当我一打开它，父亲的声音突然就变了，变得犹豫、迟疑，有时几乎听不清。他或者用程式化的答案敷衍，或者用一个简单的"是""不是""不是这样的"来回答，或者嘟囔几句。以至于到了最后，我没能收集到任何可用的信息。我告诉自己这样下去会一无所获，于是第二次见面时，我决定不开录音机。结果奇迹般地，父亲打开了话匣子，熟悉的声音又回来了。我这才意识到，录音机这个看似平凡无奇、丝毫没有攻击性的小话筒，却在不经意间暗示父亲这是一场警方审讯，在他面前我俨然成了一个盖世太保[1]军官。放弃录音机后，我买来几个上学时用的本子，在一整年的采访时间里都用它来做聊天记录。就这样一点点地，我们的关系也从父女变成了知心密友。

　　在我们聊天的过程中，父亲流露出来的那种对他人生命的责

---

[1]　译自德语 Gestpo，法西斯德国"秘密国家警察"的简称，1933 年成立，1946 年被纽伦堡国际军事法庭判为犯罪组织，曾大肆逮捕、迫害、残杀犹太人。——编注

任感和因幸存而产生的负罪感，令我深受感动，他一生都怀抱着这两种感情。毫无疑问，这也是他三十多年来牺牲一切、坚持为人们伪造证件的根本原因。这里所说的"牺牲"包含了很多方面，比如经济上的牺牲——为了避免成为一个"唯利是图的人"，他伪造证件从不收钱，这让他总是处于破产状态；比如感情上的牺牲——父亲的双重生活曾多次导致他和爱人分手，反复的不辞而别会让伴侣认为他并没有真心投入这段感情，甚至已经出轨，最终她们会提出分手；再比如家庭的牺牲，早在他和我的母亲莱拉结婚之前，父亲就有了两个已经长大成人的孩子，父亲把我介绍给我那同父异母的哥哥姐姐时，我还很小，而且刚到法国没多久，他俩大我三十岁。父亲遗憾于没能按照自己的方式亲手把他们带大。姐姐则告诉我说，父亲曾有一次离开家长达两年，其间音信全无，就连走的时候都没说声再见。他们当时以为父亲要么已经死了，要么抛弃了他们。但他们不知道的是，父亲长时间的杳无音信其实是为了保护他们。如今，我终于更加理解为什么父亲不太愿意谈论过去了，同时也庆幸自己能有一个一直陪伴在身边的爸爸。

这本书作为我多年潜心工作的结晶，于 2009 年在法国面世，与此同时，我又做回了演员和编剧。看到书的出版，父亲和我既开心又兴奋，但逐渐又被一种感伤的心情所笼罩，对我们来说，从这样一场与众不同的冒险中走出来，就好像到了不得不说再见的时候，那感觉相当痛苦。在过去这几年里，我们已经习惯了两人之间的"小仪式",也分享了许多彼此的秘密。

当时的我并不知道接下来还会有新故事,一个和之前一样丰富而美好的故事。这本书出版后,出乎意料地大受欢迎。书店里的书很快就卖完了,媒体也蜂拥而至。国家和地方媒体上都出现了许多赞美之词,我们在电视、电台和新闻报道里也有露面,我还被邀请去"TEDx巴黎"做了一次录像演讲,这也是本书得到强烈反响的原因之一。后来,这本书被接连翻译成不同的文字:意大利文、德文、西班牙文、希伯来文、阿拉伯文、土耳其文,还有现在的英文。我们去了上面所列的这些国家,和读者、书商、记者见面,同时父亲和我也会继续留出一些宝贵的时间共处。这本书带给我们的冒险持续到了今天,我们时不时地去到中学和大学里,父亲会在这些地方演讲,这也是所有事情里他最喜欢的:可以将他的知识传递下去。当父亲第一次在一百名左右十六七岁的高中生面前演讲时,就被孩子们的同理心和专注力打动了——因为那个年纪的孩子大多很叛逆。礼堂里静得连根针掉在地上都能听得见。他们完全沉浸在父亲所讲述的故事里,而且提了很多非常切题的问题。在回家的路上,父亲对我说:"你看到他们有多专注了吗?我从没想过这个年龄的孩子们会对我这种老古董感兴趣。"我告诉父亲,他口里的"孩子们"其实和他当年加入抵抗组织时一样大,这也使得他们更容易对他产生认同。

在签名会和读者见面会上,有不少人带来了一些旧日的伪造证件——那都是属于他们父母或祖父母的物品,想知道这些有没有可能"恰巧"出自我父亲之手。他们很信任我们，想通过我们来发掘家族历史里的一些故事。我们听了很多故事，见过很多了不起的人，在这里就不一一提及了。在所有会被反复提到的问题里，我选了一个与写作本身直接相关的，想在这里解答一下：为什么这本书用的是第一人称，就好像是父亲在回忆自己的故事一样，即便这本书其实是由我来写作的。事实上，最初我用的是第三人称过去式，但几章过后，叙事突然停滞，无法再继续下去。这并不是众所周知的"写作瓶颈期"，因为我完全知道自己想要写什么，但我却无能为力。在长达几个月的时间里，毫无缘由，哪怕光是想到要坐在电脑前都会让我感觉不适，于是我决定休息一段时间，将注意力转移到其他事情上去。然而几个星期过去了，问题仍然没有得到解决，我开始严重怀疑自己完成这项计划的能力。直到有一天我突然意识到，用过去式来写这本书，就像是在提前准备父亲的讣告，尤其当他本人正活生生地坐在我面前回答我的提问时，我感觉自己像是在把他慢慢推进坟墓。我恍然大悟：必须得让父亲自己来说！我删掉了所有草稿，打算从头再来。这一次，我要用第一人称，让父亲讲述自己的故事。

2015 年 10 月 1 日，父亲九十岁了。如今他和母亲一起生活，多年的地下工作中所经受的种种折磨早已恍若隔世，他很高兴能成为一名丈夫、父亲和祖父，他岁数很大却依然精力旺盛……这本书的出版也让他开始了一项新的事业。我之前提到过一些父亲曾经不得不做出的个人牺牲，还有一点我没提到。因为父亲这辈子都拒绝接受来自抵抗组织的报酬，为了谋生，他让自己成了一名可以横跨多个领域的摄影师：拍过明信片、广告片，以及产业纪实照片（北部煤矿、法国炼糖厂等）；另外，父亲还为展会目录和海报拍过数不胜数的艺术品照片；他也是那些动态艺术家的御用摄影师，比如安东尼奥·阿西斯 [1]、赫苏斯·拉斐尔·索托 [2]、卡梅洛·阿登·奎因 [3]、雅各布·阿甘 [4] 等；同时，作为巨幅摄影专家，父亲还为同马塞尔·卡尔内 [5]、勒内·克莱尔 [6] 等知名导演合作过的场景设计师亚历山大·特劳纳 [7] 的电影布景拍过照片。

　　除工作外，出于喜好，父亲还拍摄了成千上万张极富艺术感的照片，期待着有一天能将它们展出。他把胶卷全部冲印出来放在了鞋盒里，之后，盒子一个接一个摞得越来越高，但父亲从未

[1] 安东尼奥·阿西斯（Antonio Asis, 1932— ），阿根廷画家，欧普艺术倡导者（Op Art，一种利用光幻象给观者造成画面在运动、闪烁、颤动、扭曲等错觉的抽象视觉艺术，盛行于二十世纪六十年代）。——编注

[2] 赫苏斯·拉斐尔·索托（Jesús Rafael Soto, 1923—2005），委内瑞拉欧普艺术及动态艺术家。——编注

[3] 卡梅洛·阿登·奎因（Carmelo Arden Quin, 1913—2010），乌拉圭诗人、作家、画家、雕塑家。——编注

[4] 雅各布·阿甘（Yaacov Agam, 1928— ），以色列雕塑家、实验派艺术家，以对欧普艺术和动态艺术的突出贡献而闻名。——编注

[5] 马塞尔·卡尔内（Marcel Carné, 1906—1996），法国电影导演，诗意现实主义运动的核心人物。——编注

[6] 勒内·克莱尔（René Clair, 1898—1981），法国电影导演、制片人、剧作家，以拍摄混合了奇幻元素的喜剧而闻名。——编注

[7] 亚历山大·特劳纳（Alexandre Trauner, 1906—1993），著名法籍匈牙利电影布景设计师。特劳纳是大部分在欧洲工作的美国电影导演都会选择合作的设计师，其中包括：比利·维尔德（Billy Wilder, 1906—2002）、弗雷德·金尼曼（Fred Zinnemann, 1907—1997）和约翰·休斯顿（John Huston, 1906—1987）。特劳纳也是犹太人，在纳粹占领法国期间与马塞尔·卡尔内一起工作过。——编注

发表过这些照片，因为当时的他既没有时间也没有钱，所以也从来没人见过他的作品。数千张底片就这么安静地躺在一堆鞋盒里。多浪费啊！我知道有些牺牲是无法挽回的，但这不然，从初出茅庐的摄影师开始做起或许并不晚——即便他当时已经八十多岁了。最终，父亲决定把这些照片都印出来，用他精美的作品揭开一个明暗交错的世界的面纱——这也是父亲最爱的主题。照片主人公大多是工人、地下情人、二手商贩、真正或伪装的模特、散架的玩偶、胡子拉碴的流浪汉……从圣旺的跳蚤市场到皮加勒的红灯区，父亲记录下了人们的表情、孤独的影子、街上的光线、城市的优雅以及它的边缘——所有这些构成了他世界里的一切。在朋友们的帮助下，我们在一些文化机构和巴黎的画廊完成了几次展览，父亲那些从未发表过的照片大获成功。看到父亲和其他摄影师一起讨论自己的作品，并得到他们的认可时，我十分感动（当然，父亲在那些人里面已经算是"元老"了）。

我儿子现在十二岁。当我像他这么大的时候，朋友们的父亲都会在睡前为他们读《格林童话》，我的父亲给我讲的却是普通人的英雄故事。这些谦逊的英雄始终坚定着理想信念，经过努力，他们最终在看似不可能的境遇里取得了成功，他们没有军队做后盾，就其本质而言，不过是一小群有信念、有勇气的男人和女人罢了。当时，我并没有意识到父亲其实是在讲述他自己的故事，但我确实听懂了父亲想要通过这些半隐喻半自传式的"故事"传递给我的信息，时至今日，我也在把这些故事讲给我的儿子听，告诉他要一直、一直相信自己的梦想。

萨拉·卡明斯基

2015 年 10 月

# 前　言

　　"既然你想了解一切，那就先说说关于我你都知道些什么吧。比如你什么时候发现我曾经在抵抗组织里待过？"

　　"说实话，我什么都不知道，更不用说你是伪造者这件事了。如果我们一直待在阿尔及利亚的话，我可能都不知道你参加过'二战'。对我来讲，你就像大家说的那样，是一名'斗士'。"

　　"那后来呢，在法国的时候，你知道了吗？"

　　"也不是立刻就知道，因为你从来都不说。从小到大，我一直以为你只是一个社会工作者，帮助那些有过不良行为的年轻人恢复正常生活，给他们找工作，教他们摄影。当然，我也隐约从大人们的聊天中听到了一些零零碎碎的线索，这和我知道的有些冲突，于是我被彻底搞糊涂了，是后来发生的一些外部事件才让我逐渐明白过来的。当时《实录周刊》（*Minute*）这本极右翼杂志曾刊登过一篇文章，你还记得吗？"

　　"当然，我还留着呢。在这儿，你看。"

　　"'前伪造者正依循道德准则重建自己的生活。如今，已不再是伪造者的他，正在教年轻人如何保持品行端正。这名曾支持阿尔及利亚民族解放阵线[1]对抗法国的让松组织[2]前成员，现在正帮助我们来自北非的失足少年们重新融入这个社会……'是的，就是这篇！"

"这篇文章发表后，当时我正在帮助的一些年轻人还跑过来跟我开玩笑，是那种很差劲的玩笑，以至于我不得不说出'是我侄子需要一些证件'，或者'我刚好需要几千法郎'这种话。"

"我还记得很久以后，当你把我们申请法国国籍的资料整理到一起时，我看到了一些信件，其中一封激起了我的兴趣。那是一封感谢信，对你在 1945 年为法国军方情报和反间谍工作做出的贡献表示感谢。当时我对自己说：'哇，我父亲是个特工！'人们则出于不同立场叫你伪造者、抵抗组织英雄、叛徒、特工、不法之徒、斗士……"

"那你是怎么想的呢？"

"这种事情我总有一天会弄明白的。你看，我已经列出了一个采访清单，正打算去找他们聊聊你。"

"给我看看……嘿，你这名单可真够长的。不过事情有点棘手，名单上的人大部分都已经去世了。"

---

[1] 阿尔及利亚民族解放阵线，即后文中的"民族解放阵线"（缩写为 FLN）。——编注

[2] 让松组织（Jeanson network）是民族解放阵线在法国的第一个分支，以其创建人弗朗西斯·让松（Francis Jeanson）的名字命名。——原注

等我们挑出那些没法接受采访的人以后，名单只剩下了一半。父亲说："这样一来你也能轻松点。"每当谈及让人痛苦的话题时，他都会这样开玩笑。

死亡和时间。父亲刚刚一语道破了我必须得写这本书的原因，而且要尽可能快，赶在一切为时已晚之前，只有这样，父亲才不会带着他的秘密和故事离开，也只有这样，那些关于他生平的问题才不至于无人解答。

经过两年的调查，在采访了二十多人之后，我终于有机会了解阿道夫·卡明斯基——这个一直以来我只知道要叫他"爸爸"的人。挖掘寓意，解读他的沉默，察觉在他波澜不惊的叙述里所暗含的情绪，传递出那些他没有明说的事情，找出我在笔记本里记下的一系列奇闻逸事背后所隐藏的信息。偶尔我需要从其他人的角度来理解他的选择：他作为证件伪造者的一生，他的地下工作，他投身于政治的热情，他对这个社会以及对各种建立在仇恨基础上、阻碍社会进步的团体的费解，以及他对建立一个充满正义和自由的世界的渴望。

1

　　巴黎，1944年1月。我走向圣日耳曼德佩地铁站的入口，一刻也不想耽误，因为需要搭上一趟开往拉雪兹神父公墓的列车到巴黎东部去。为了远离其他乘客，我挑了一个折叠座位。公文包里装着很重要的东西，我把它紧紧抱在胸口，同时在心里默念着经过的每一站。共和国站，还有三站就到了。忽然，从后面一节车厢传来一阵躁动和说话声。汽笛已经响了好几秒，可车门却一直没关。紧接着，说话声被一阵响亮、尖锐、极为特别的脚步声所取代。我立刻听了出来。当佩戴着肩章、贝雷帽压得很低地戴在平头上的民兵巡逻队闯进车厢的那一刻，我的胸口感到一阵灼烧。他们给了司机一个手势，车门就关上了。

　　"证件检查！把包都打开准备好搜查。"

　　我没看他们，而是在车厢尾部等着。虽然警察检查对于我而言已经不再陌生，但今天我却害怕了。

　　保持镇定，压抑住自己的情绪。我不能暴露，至少不是今天，不是现在。脚别乱动，以防暴露内心的慌乱。别让前额上的那滴冷汗淌下来。血管里的血液正在突突直跳，快让它停下。我努力让心跳变得平稳，慢慢呼吸，藏起自己的恐惧，泰然自若。

一切如常。我有个任务要完成。没有什么是不可能的。

就在我身后，那群人正在检查身份证，搜查包裹。我要在下一站下车，但每个车门处都守着一个士兵，看来我是没法逃避检查了。于是我站起来，自信地走向他们，把我的证件拿给一个正打算朝我走过来的士兵看，我挥了挥手，示意他我马上就要下车了。他大声读着我的证件："朱利安·凯勒，十七岁，染匠，法国安省人，住在克勒斯公寓……"他拿着我的证件翻来覆去地仔细检查，不时抬头用他那双充满狐疑的小眼睛观察我的反应。我始终保持着镇定，因为我知道他看不出我有多么害怕。同时我也知道并且确信我的证件是齐全的——毕竟都是我亲自伪造的。

"证件齐全……凯勒，你是阿尔萨斯人？"

"是的。"

"你这里面装的是什么？"

这是我最不想被问到的。那个士兵指着我怀里的公文包，当时我正紧张地抓着拎手。有那么一瞬间，我觉得脚下的地板摇摇欲坠，恨不得马上逃离，但任何试图逃走的尝试都是徒劳的。一阵慌乱让我的血液瞬间冷却，必须马上想个法子应对。

"你聋了吗？你包里装的是什么？"士兵提高了声音问道。

"三明治。你要看看吗？"为了配合自己说出的话，我打开了公文包。

是的，我包里确实有三明治——它们只不过是我不惜一切代价要藏好的那个东西的一个伪装罢了。一丝犹豫过后，士兵瞪了我一眼，又上下打量了我一番，仿佛要找出什么破绽。于是我给了他一个傻笑，每当必要时我都能露出这种笑：为了让自己看起来奇蠢无比。接下来的几秒钟像是几个小时那样漫长。此时我们已经到达拉雪兹神父公墓站，列车开始鸣笛，车门马上就要关了。

"好了，你可以走了。"

我依然清晰记得当时在墓地里从墓碑上方尖啸而过的寒风。我在拉雪兹神父墓地的一条小路旁找了张长椅坐下，不过不是为了冥想。我的牙齿打战，身体发抖。为了给自己找个清静的地方好好整理下思绪，并将压抑在平静表象底下的感受释放出来，我不得不走出地铁站，拖着身子进了公墓。我把这个过程叫作"回顾式休克"：让身体慢慢摆脱压抑的情绪。我只需耐心等待脉搏恢复正常，等手指放松下来不再颤抖。我不知道过了多久自己才平静下来。五到十分钟吧。不过已经足够让我感到寒冷并回过神来，记起自己是为了谁、为什么冒这么大的风险在这儿，同时也提醒自己这趟送件有多紧急。也正是这份紧迫感，把我从公墓厚重的寂静里所产生的恍惚中拉了出来，提醒自己一分钟都不能耽误，根本没时间去感受绝望、自怜、恐惧或沮丧。

我准备好重新出发。在起身前，我打开了公文包，小心翼翼地做最后的检查。我拿起三明治，东西都还在——我视若珍宝的物品：五十张空白的法国身份证，我的钢笔、墨水、橡皮图章和一个订书机。

那天就和往常一样，我按照前一天收到并花了一晚上背下来的名单挨个儿去敲门，名单上有几十个犹太家庭的名字和住址。据组织掌握的情报——这多亏了那些打入政府内部的极富同情心的人——名单上的人将在黎明时分被围捕。我从梅尼孟丹大道走到皇冠街，接着钻进美丽城大道后面的小巷里。我遇见的每张新面孔都会和那些未知的名字对应上。在木兰乔丽街上住着布吕芒塔尔一家：莫里斯、露西，还有他们的三个孩子，名字分别是让、伊莱恩和维拉。他们收下了伪造的证件，从此开始了隐姓埋名的生活。

最理想的情况是：他们已经准备好了护照照片，我直接把它们订在空白的证件上就好，然后再模仿市政厅职员的笔迹小心地帮他们填上信息。有时他们收到伪造的证件时会很高兴，却缺少相应的照片。但不管怎样，他们都很重视我的来访，并向我保证第二天围捕时决不待在家里。他们当中有的人会躲到舅舅家、女朋友家、侄子家等任何能够藏身的地方，有的人则无处可躲。

还有一些人起初会拒绝我，后来在我保证不收钱后才又改了主意。不过可惜的是，不是所有人都这么好说话。比如那天晚上，那位住在奥贝康夫路的寡妇——德拉达女士——所表现出来的无知与固执（她坚持认为我在骗她）简直让我感到震惊。

当我把证件拿给她时，她感到被冒犯了："我，什么都没做，家里几代都是法国人。我凭什么要躲起来？"说话期间，我的目光越过她的肩膀，看到她的四个孩子正围坐在客厅里的桌子旁，安静地吃着晚餐。我使出浑身解数想要说服她。我解释说，我所在的组织想把她的孩子们藏起来——并视之为义不容辞的义务。孩子们会被安置在郊区一个绝对安全的地方，和一群善良的人待在一起——她甚至能时不时收到他们的消息。可是不管我怎么哀求，她都无动于衷，一个字都不想听，只是很气愤地站在那里。最让我受打击的是，当她听说我曾被拘禁于德朗西[1]，并在那儿目睹过成千上万的人被驱逐出境、整车整车的人被带向死亡后，只是冷漠地回应道，死亡营根本不存在，并表示她根本不相信那些英美人为了政治宣传所撒的谎。说到这儿，她停顿了一下，紧接着便威胁我，如果我再不离开她就要报警了。她完全没有意识到，第二天早晨就要来抓走她和她孩子的警察，怎么会现在过来保护她呢？

带着我的公文包和我的痛苦这双重负担，我继续上路了，挨家挨户地敲门，在脑海中完成我的清单，一边是能顺利躲起来的犹太人，一边是被驱逐出境的人。我当时就知道，我会一直清楚地记得后者，永远无法把他们的名字和面孔从我的记忆中完全抹去。甚至有时候还会做关于他们的噩梦。我十分清楚地意识到，自己很可能是他们自由的最后见证人，于是我试着在记忆里为他们留下一点点位置。

---

[1] 德朗西（Drancy），是位于巴黎郊区的一个镇，"二战"期间纳粹曾在此设立集中营。——编注

着急也没用，冬夜寒冷的黑暗已经驱散了二月[1]清朗的阳光。当清单上最后一个地址的最后一扇门在我身后关闭时，早就过了宵禁时间。于是我不得不隐藏起身形，贴着墙壁，避免被路灯照见，压低脚步声，悄无声息地消失。不过我得先找个电话亭，好让联络人知道我的任务已经完成：拨通号码，留下一条加密信息，然后我才能回家。

在焦急地走了差不多二十分钟后，我终于远远看到了青年人旅馆这座砖砌建筑的轮廓，即现在的妇女避难所。当时，那是一个供学生和年轻工人们居住的小旅馆，价格很便宜，在没找到更好的地方之前我一直住在那儿。我走到已经紧闭的门前，按了几次门铃都没人开。我冷到脚都冻僵了，却在宵禁时被锁在了门外。黑暗中透出的阴影，无处不让我感觉自己已受到威胁。我听到了一些声音，感觉自己已被危险包围，无处可逃。

我感到筋疲力尽。尽管我已经不再抱着会有人来开门的幻想，但还是最后按了一次门铃，之后，我躲进一幢公寓的门厅，蜷缩成一团坐在台阶上，双手环抱着身体，就这样等待破晓来临。我一刻也不敢眨眼，更别说睡着，一阵风都能把我吓个半死。在这种情况下，我又想到了德拉达女士，想到了那些我没能说服的人，尤其是那些孩子。一想到他们，我便感到一种毫无缘由的愧疚。我有些后悔当时没能想到合适的话和有说服力的证据。我需要继续

---

[1] 联系上文此处实际应为"一月"，可能是作者疏忽所致。——编注

相信自己和同伴们的努力没有白费，无论如何都不能放弃。我很好奇"水獭"是否赶在宵禁前完成了他的任务，是不是比我发出了更多的证件。我希望他没有被抓——否则他现在肯定已经死了。

我当然知道，一直以来所有警察都在竭力搜寻巴黎的伪造者。我还知道这是因为我找到了大规模伪造证件的方式，这些证件早就遍布整个北方地区，甚至远及比利时和荷兰。在法国，任何一个需要假身份的人都知道，只要联系到抵抗组织的任意一个分支，马上就能拿到证件。于是很明显：如果每个人都知道这件事，那么警察肯定也知道。伪造的身份越多，我们越要加倍小心。我最大的优势在于，警察们可能一直都在找一个拥有机器的"专业人士"，有印刷机和木浆厂。他们肯定不会猜到，原来他们一直在找的那个伪造者，不过是一个小毛孩而已。

很明显且幸运的是，我不是一个人。我们实验室的头儿叫萨姆·库杰尔，二十四岁，大家都叫他"水獭"。上一个负责人是勒妮·格卢克，同样二十四岁，代号"睡莲"，是一名药剂师，后来离开这里去护送孩子们和处理边境前线事宜了。他俩的代号都是从战前一起参加法国犹太童子军 [1] 时的绰号而来。实验室的成员还有在艺术学院就读的苏西·席德洛夫和赫塔·席德洛夫姐妹俩，她们一个二十岁，一个二十一岁，凭借着辛勤的工作和永不消减的幽默感为实验室做出了巨大贡献。以上就是传说中法国犹太人

---

[1]　法国犹太童子军，Eclaireuses et Eclaireurs israélites de France，缩写为 EEIF。——译注

总工会[1]的神秘分支"第六部"伪造证件实验室的人员配置。除了我们五个，没有人知道实验室在哪儿——就连我们的上司们也不清楚。正因为他们无从知晓这个秘密，再加上所有人都严格遵守保密规定，我们很自信能够躲过不少灾难，避免被抓的命运。

我们假装成画家作为掩护。伪造证件的实验室在圣佩雷斯街十七号的一间狭窄的顶层小阁楼里，这里已经被改造成了一间艺术工作室。屋子很小，只有不到十五平方米，但多亏有天窗，可以让我们享受到迷人的日光。两张并在一起的桌子几乎占据了整个房间：一张桌子上放着两台打字机，另一张桌子上放有几沓吸墨纸。固定在墙壁上的书架上，有我全部的化学品和不同颜色的墨水，严格地按照使用顺序一字排开。我们会在旁边放上几支画笔，好让人以为这些瓶瓶罐罐都是绘画用的颜料和溶剂。为了升高工作台，我在两张桌子底下胡乱拼凑了数十个抽屉架。这样，我们就能在没人察觉的情况下一次性晾干大量证件了。另外几面墙上挂满了我们匆忙完成的画作，在这些画的背面藏着我们伪造好的证件，直到能把它们交给联络人。我们每个人都遵循着一个固定的日程表和办公时间，以免引起看门人的怀疑，而且时不时地，我们还会带着画家专用的调色板过来。所以，没有一个邻居过来问我们屋里为什么会有化学品的气味。查电表的人也是如此，

---

[1] 法国犹太人总工会（Union générale des Isréalites de France，缩写为 UGIF），是纳粹建立的组织。同时，为在驱逐犹太人这一过程中互相合作，纳粹还在所占领的中欧国家建立起犹太人理事会（the Jewish Councils）。——原注

每次他进来都会恭喜我们完成了新的画作。当他的脚步声消失在楼梯尽头时，我们总会爆发出一阵大笑。要知道那些都是乱画的，并没有什么特别之处。

我们的组织很特别的一点在于，它是在法国犹太人总工会的中心建立起来的。这个工会是一个由维希政府[1]成立的犹太组织，所用的钱和物品都是从犹太人那里以国家名义征用的。犹太人总工会的任务是把犹太人聚集在一起；他们在儿童福利站设立了分支，让孩子们上学，保障其饮食合理——这使得很多人以为他们是出于正当而真诚的动机。但实际上，这是法国政府找到的一个万无一失的方法，用来在道德外衣的掩盖下有序地驱逐犹太人。他们已经先于所有其他被占领的国家，建立起了一个用现有档案和穿孔卡片组成的体系：犹太人已无处可去，而且由于被禁止工作，他们全部无可挽回地依赖于犹太人总工会，住在工会的爱心旅馆里。随后他们被登记在册，几乎是立刻便被围捕。

当他们发现自己正在不知不觉中参与驱逐犹太人时，犹太人总工会里的一些官员决定利用手中的资金成立一个秘密部门。他们招募志愿者，尤其是从法国犹太童子军里招，因为那些孩子年轻又忠诚，迫切地想要加入抵抗组织。这些人从一开始就成了组织的主力。而第六部能够优先拿到几乎所有被捕人员——无论他们住在犹太人总工会旅馆，还是任何其他地方——的名单，则要

---

[1]　维希政府（régime de Vichy），"二战"期间纳粹德国占领下的法国傀儡政府。——编注

归功于它的双面间谍。

我是最后一个加入第六部实验室的，一进来就不得不推翻了他们原有的工作方式。当睡莲告诉我说，她一般是用蘸有煮开的普通修正液或漂白剂的吸水棉来擦去犹太人的标记，然后苏西再用蜡笔重新给身份证上一遍色时，我差点没晕过去。他们的方法实在是太过冒险了。我马上给他们解释道：只要碰到皮肤或沾上一点汗渍，手写的笔迹几天后就会变黄。而且，如果不用碱性物质来中和修正液的话，纸张很快就会被腐蚀，处理过的地方便会马上呈现出吸墨纸的质感。这张身份证就废了。随后，当我展示了一遍自己的化学处理方法，并教他们以后该怎么做时，他们一个个目瞪口呆。其实这对我来说很容易，这些技术知识来源于我此前做染匠时的经历——当时我和一个化学乳剂专家天天待在一起。正因为这段在染坊的学徒时光，我才知道如何在不影响羊毛线的情况下给棉线染色。而且，我从十四岁起就开始做化学实验，研究如何擦掉所谓"擦不掉的"墨水。我研究了很多年，却一直没找到任何一种这样的墨水——它们全都能被擦掉。

我被他们夸张的反应逗笑了，苏西说这简直是魔法。几天后，睡莲决定去做护送孩子们的工作，因为她确信我们这个伪造证件实验室已经找到了最合适的化学工程师，不再需要她的帮助了。

而这只是一个开始。到了后来，伪造证件这件事变得越来越复杂，与此同时，对假证件的需求也与日俱增。我加入组织时，第六部已经和很多犹太人组织建立起紧密的联系，比如：犹太复国主义青年运动、犹太战斗组织、阿姆洛路上的免费诊所，以及儿童拯救组织。后来，另外一些组织同我们联系得更加紧密，比如从伦敦接收指令、同战斗和解放北部组织合作的国家解放运动，同时还有共产主义组织——自由主义者与游击队以及移民工人组织。[1] 联合抵抗组织便这样产生了。一张联结不同组织的大网已经铺开，每一方都能发挥各自的优势来对抗驱逐，并组织马基斯小分队。[2] 这些组织间的相互联系使重要信息能够迅速交换。至此，在有了这些小的、独立的自发组织和机构加入后，作为整体的抵抗组织慢慢形成了一个类似章鱼的结构：其内部的各个小组就像是彼此依赖的触手。我们成了法国资源最丰富、效率最高的实验室；再加上当时我发现了一种技术，让我们不但可以涂改已有证件，还能做出和政府部门印发的一样真实的新证件，我们实验室也由此成为唯一能够大批量伪造证件的地方。我还自己动手把纸张加厚，并且给自己刻了一个橡皮"公章"。

在这里我必须得补充一句，我并非只有一个实验室。事实上，可供我随意使用的工作室有两个。当在国家解放运动里负责伪造文书的莫里斯·卡修得知了我的这些小成就之后，他直接联系我，问我能不能做照相凸版印刷。当时，为了避免漫长的上班路和途

---

[1]　犹太复国主义青年运动，Mouvement de jeunesse sioniste，缩写为 MJS。犹太战斗组织，Organisation juive de Combat，缩写为 OJC。儿童拯救组织，Oeuvre de secours à l'enfance，缩写为 OSE。战斗和解放北部组织，Combat and Libération Nord，缩写为 CLN。国家解放运动，Mouvement de libération nationale，缩写为 MLN。自由主义者与游击队，Francs-tireurs et Partisans，缩写为 FTP。移民工人组织，Main-d'œuvre immigrée，缩写为 MOI。——译注

[2]　马基斯小分队（maquis units），法国抵抗组织的一种，主要在乡村地区活动。——译注

中的警察检查，我从青年人旅馆搬出来，在雅克布路上的另外一栋离第六部实验室非常近的寄宿公寓里找了个房间。我把自己伪装成一名业余摄影师，寄宿公寓里一个对我有好感的厨师，让我使用楼上的那间空屋子——一直以来，她都以为我在用那间屋子做摄影实验。事实上，我在那儿建起了一间专为国家解放运动伪造证件的研究实验室。

这也是一间女仆的屋子。但不同的是，这里的地址绝对机密——因为我是唯一能够进入房间的人。夜晚，我就在这间屋子里加工纸张，也因为照片凸版印刷，我能够源源不断地生产印章、印有抬头的信纸和水印图案。所有空白证件都出自这间位于雅克布路的屋子。其实这里所有的设备都是临时的，全部是用从旧货店里找来的废弃材料一点一点搭起来的。但就是通过这种胡拼乱凑式的组装，我得以造出高度精密的仪器，性能和真正的照相凸版印刷厂里的一样好。因为使用离心力是将光敏液体在衬底上涂开的唯一有效方法，我就用自行车轮造了一台离心机。我的烟斗成了把被酸性物质损坏的文件碾平的绝佳工具——事实上这也是它唯一的用途，因为我从不抽烟。利用凸透镜、凹透镜和一小块半透明的镜子，我造出了一台列奥纳多·达·芬奇曾经使用过的机器，把需要手工复制的图案或印章投影出来，尽可能确保线条的精准性。所有这些全部为手工制作，但是非常好用！为了不断地制造出这些新东西，我度过了许多不眠之夜。

每天早上，我要做的就是把空白证件拿到第六部实验室去填。

因为距离很近，我连地铁都不用坐。

我们为所有人服务。订单源源不断地涌进来，数量越来越大。其中有来自巴黎的、来自法国犹太人总工会的、来自南部地区的，还有来自伦敦的。我们不得不保持一定的工作节奏来应对这几近无法控制的工作量，有时甚至一个星期要做五百个证件。

一般情况下，由水獭和我负责联络那些下订单的人。我记得水獭看上去也很天真无邪，和我一样。这是我们最好的伪装。他个子不高，浅褐色头发，脸上有雀斑，鼻子非常小，表情顽皮。这种看上去十分孩子气的稚嫩外表，无论走到哪里，都有一种"芝麻开门"的效果。他最常和犹太人组织联络，而我主要负责国家解放运动和联系共产党人。不过紧急情况下也会有变动。通常，我们会把见面地点安排在巴黎一些繁华的地段，最好是和一个女人接头，这样见面时就可以假装是正在约会的情侣。我总是会提前到，手里拿着一束玫瑰，然后和我的"未婚妻"一起"散个步"。一旦感觉被监视了，两人就会深情地对视。当我们分开时，彼此都知道接下来的任务是什么。

但有一次和我见面的不是我虚拟恋人中的任何一个，而是马克·哈蒙，绰号"企鹅"，他也是法国犹太童子军的一员，当初就是他把我招进了抵抗组织。

我明白，如果是企鹅亲自来的话，那就说明问题非常紧急，他已经等不及让组织里有空的女成员来了。我们约好在杜伊勒里宫花园见面。当我到那儿的时候，他正坐在一张长椅上，看起来非常疲惫且忧心忡忡。我说他比我们第一次见面时瘦了不少，听到这话他大笑起来，夸了我两句。随后他的语气就变得严肃了。

"昨天伦敦电台给我们传来了一些好消息。德国军队正在全线撤退，而且从现在起，所有北非军队都站在我们这边。不过问题是，纳粹决定加速清除犹太人，正准备在整个占领区内实行一次大型围捕。三天之后，巴黎的十个儿童福利站将会同时遭到突袭。我给你准备了一个清单。我需要上面的一切材料：定量供应卡、出生证明、洗礼证明，还有协助孩子穿越前线的大人的身份证、命令单，以及所有人的通行证。"

"有多少？"

"你是说多少个孩子？……超过三百个。"

三百个孩子。这意味着要准备超过九百个不同类型的证件，而且是在三天之内！这根本不可能。一般来讲，每天收到的订单数量有三十到五十个，有时候会多点。此前我也面临过巨大的挑战，但这一次数量实在太过巨大，我震惊了。和企鹅的会面结束之后，我第一次害怕起失败来。在这之前，我总能通过积累的各种知识，想出一些神奇的办法来解决技术问题。随着证件的更新换代，我要制造的东西也越来越多，也更需要展现自己的聪明才智，好能利用手边有限的资源，伪造出根本不可能被伪造的证件。但这一次我们要的并不是解决方案，而是巨大的数量，而我清楚当时自己已经是满负荷运转了。一天的时间不会缩短，但不幸的是，它也不会延长。没时间多想，我得先去雅克布路造纸：紧致的、好用的、密实的或精细的，有纹理或没纹理的——根据证件原本的质地来准备。我必须得抓紧，倒计时已经开始，比赛的枪声已经打响。这是一场与时间的赛跑，与死亡的抗争。

告别了企鹅，我抱着装满空白证件的公文包气喘吁吁地赶到实验室，水獭、苏西和赫塔已经在那儿等着了。令我惊讶的是睡莲也在——因为有别的任务，最近很少能在实验室看到她。他们都看向我，表情无比震惊。他们告诉我说已经接到了通知，毕竟事关三百个孩子——这也是睡莲会出现在这儿的原因，她是特地来帮我们的。除此之外，水獭还刚刚收到了一份来自移民工人组织的订单：他们需要给匈牙利小组的成员准备证件。所有人都以询问的目光看着我。他们想知道：我们真的能满足所有需求吗？

为配合当前这种紧急的情况，我把一个装满空白证件的纸箱子放在桌子上，用行动给出了一个信号。

"孩子优先！"睡莲补充道。

实验室里马上变得一片忙碌：睡莲负责用切纸机把纸板裁成卡片，苏西填色，赫塔用笔和打字机填写文字。只有水獭——一般情况下，他从不参与制作，只负责管理所有行政琐事——像游魂一样转来转去，茫然无措。

"如果你想帮忙，那就从盖章和签字开始吧。"

于是他立刻投入工作。而我正用一台自己造的机器把纸张做旧：塞进去一些灰尘和铅笔芯，然后转动把手，让纸张看起来又脏又旧，以免看上去太新，或者像是刚从打印机里拿出来的一样。

屋子里慢慢开始弥漫起一种化学用品混合着汗水的气味。在不同的角落里，我们切纸、裁边、盖章、上色、打字，在这个简易文书工厂里埋头苦干。我们把做好的假证件放到镜子背面和底部可拆卸的抽屉里，塞得满满当当。虽然在内心深处我们都知道这个目标很难完成，但所有人都小心翼翼地不把它说出来。一切都取决于我们的意志力。毕竟，除了乐观，我们一无所有，这也是我们继续前进的唯一动力。

天黑以后，所有人都回家了，我朝自己位于雅克布路的实验室走去。即便有睡莲和水獭的帮助，我们一整天也才完成了不到四分之一的数量——在这种情况下，我怎么能睡觉？按照这个节奏，我们或许能完成孩子们的证件，却要以牺牲那些匈牙利人为代价。这让我无法接受。

保持清醒，时间越长越好，和睡眠做斗争。算法其实很简单：一个小时我能做三十张空白证件；如果这一个小时我用来睡觉，就会有三十个人因此而死去……

经过两个晚上无止境的痛苦工作，我的眼睛几乎快要贴到显微镜上——疲劳成了我最大的敌人。我得一直屏住呼吸，伪造证件是一项只有一丝不苟才能完成的任务——你的手甚至不能有一点抖动，是非常精细的工作。我最害怕的是技术性的失误，或一次错漏，或任何一个我没能注意到的小细节。哪怕一瞬间的注意力不集中都会是致命的，因为每一张证件都生死攸关。每一页我都会一遍又一遍地检查，哪怕它们已经很完美了，我还是会担忧。

那就再检查一遍。压力虽然消失，但更糟的是，我已经在打盹儿了。我站起来想让自己精神一下，在屋里走了几步，甚至扇了自己几巴掌，然后重新坐下。一个小时等于三十条人命！我没资格放弃。我眨了眨眼，然后眯起眼睛让自己看得更清楚。到底是我把这些东西印模糊了，还是我的眼睛在这暗室的微弱灯光下已经什么都看不见了？

第三天，圣佩雷斯街的实验室里充盈着一股激动的情绪。

我们就要完成任务了。下午五点，水獭和睡莲就会带着我们做好的所有证件出发，这是我们三天来不眠不休劳作的成果。当我们这天早上已经完成八百多份证件的时候，我终于开始有信心了。所有人都像机器人一样，疯狂重复着同样的动作，我们以熟练的手法不停歇地工作，速度比以往任何时候都要快。我们的衣服早已变得油腻，散发着化学品的刺鼻味道，身上全是汗，不过这一天空气中却散发着一种新的气息，有什么无形的东西飘在空中。那是狂喜！我们大声地喊出一个个数字来为自己鼓劲：八百一十、八百一十一、八百一十二……伴随着打字机不间断且有节奏的嗒嗒声、切纸机的撞击声、盖章的砰砰声、订书机的咔嗒声，还有纸张做旧机器低沉的隆隆声。

正当我沉醉于各种操作的旋涡中时，我突然感到眼前一黑，紧接着，就在那一瞬间彻底晕了过去。我眨了眨眼，又眯了眯眼睛，但无济于事。感觉眼皮很沉，没有知觉，眼前一片漆黑。我的听觉被一阵持续的嗡嗡声所取代，双手麻木。感觉身体一下子不再受自己的控制。

我再也无法支撑自己，重重地倒在了地上。

再次醒来时，我发现自己躺在地板上，蒙着眼罩。睡莲把我带到了住在附近的一个联络员的家里，以便有人照顾我。我很担心会因为自己不在而导致证件无法及时完工，坚持要他们别让我睡超过一个小时。我还记得睡莲当时说的话，这句话把一种对他人生命的责任感深深地刻在我的脑海里："我们需要的是一个证件伪造者阿道夫，而不是另一具尸体。"

2

"怎样才能成为一名伪造者？"

"怎么，你对这份工作感兴趣吗？"

一个人如何成为伪造者？我的答案是……巧合。当然，也不完全是。对于我来说，在加入抵抗组织之前的那几年，我在不知不觉中积累了所有日后需要用到的知识；在那之后我唯一要做的，就是把它们付诸实践。

像许多年轻人一样，战时我的梦想就是加入抵抗组织。我很崇拜那些在马基斯小分队里战斗的人——虽然我自己是个和平主义者，也扛不了枪。小学时，每当打架，我都要靠比我强壮和勇敢的弟弟来出头。我是家里最温柔、胆小、喜欢沉思的那一个。我梦想成为一个画家，但他们会告诉我"那并不是个职业"。然而可以肯定的是，如果情况不是这样，如果没有战争，我很可能就这么平凡地过一辈子。我可能会做个染匠，充其量成为一名化学家。

我受到的训练——如果可以称为"训练"的话——开始于我

在诺曼底区维尔市 [1] 的生活。那一年我十三岁。

这不是我们第一次搬家。当时，我的家族史就是一部典型的东欧犹太史：总是在被暴力驱逐中度过。我父母都是俄罗斯人，他们 1916 年在巴黎相遇。我母亲从种族迫害 [2] 中逃出来，选择了这个"人权之国"。至于我父亲，他从来没跟我们讲过他来法国的原因，但我知道他曾是崩得 [3] 组织报的一名记者，而且确定他是因为认同马克思主义而被驱逐的。1917 年布尔什维克在俄国夺取政权后，法国政府曾宣布立刻驱逐所有被认为是"红色"的、拥有俄国国籍的人。作为崩得的前成员，父亲也在名单之列。但在"一战"中，他根本没法回俄罗斯，所以我父母最后去了阿根廷。我和我的兄弟妹妹们就出生在布宜诺斯艾利斯，全家都获得了阿根廷国籍。在我不到五岁时，父母决定搬回巴黎。

1938 年，我们搬到诺曼底，和我母亲的弟弟莱昂舅舅一起住。他的性格很复杂，作为一个白手起家成长于困苦中的人，他似乎非常易怒，过分讲究，有时甚至独断专行，但对于我们，他却表现得无比友善真诚。他出钱帮我们搬到法国，在巴黎帮我父亲找到了工作，甚至还给我们提供住宿。虽然自己没有孩子，但他觉得一个家里如果总是听不到笑声和孩子们的喧嚣嬉戏声，简直就太悲哀了。他建了一幢很大的房子，把它分成两部分，希望有一

---

[1] 维尔（Vire），是法国西北部诺曼底大区（Normandie）卡尔瓦多斯省（Calvados）的一个市镇。——编注

[2] 种族迫害（pogrom），指十九世纪末到二十世纪初沙皇俄国的反犹政策。——编注

[3] 崩得（the Bund），俄罗斯、立陶宛、波兰的犹太工人总联盟。——原注

天我们能去住。1938 年发生了很多事：德国吞并奥地利，以及关于驱逐犹太人的报道。这些无不预示着大战的迫近，也加速了我们的重聚。因为对于我们这种既是外国人又是犹太人的家庭来说，首都显然太危险了。

事实上，开战后的第一年我们在维尔确实很安全。这里的人很欢迎我们，一部分是因为莱昂舅舅作为一个诚实商贩的好名声，大家都了解也尊敬他。舅舅自愿参加了 1914—1918 年的战争[1]，他在战争中失去了一叶肺，但也凭这次贡献获得了法国国籍。

也就是在那时，我获得了人生中唯一的一个文凭——一张证明我小学毕业的证书。不过由于我还没到十四岁，大人们还是每天把我送到学校，直到我再大一些为止。来自巴黎这件事让我在维尔成了个人物，学校里的男生都羡慕我，而且在去上学的乡间小路上，女生们都围在我身边，边唱歌边走。

其中有一个女孩叫多拉·奥吉埃，她很胆小，每次都待在我身边。我很喜欢她，不过却很小心地避开她的父亲——一名因装有木制假肢而看上去像海盗船长的老人。

还有一个男孩和我一样，当时也刚上完小学。他叫布拉甘迪，是一个活泼顽皮的意大利小孩，我俩很快就玩到了一起。因为已经上完了主要课程，玛德琳夫人不想让我们一整年都无所事事，就建议我们成立一个校园合作社，并用这笔钱来办一份校报。于

---

[1] 即第一次世界大战。——编注

是我们买来了一台便宜的老式印刷机，并从废弃的打印机上和地区报社那儿捡来用旧的和字体过时的铅字，他们也很乐意送给我们：一方面能处理掉这些不要的东西，另一方面也是在帮助学校。整个办报的过程让我们学到了很多，而且既好玩，还能赚钱。我们把卖报纸的钱存起来，准备买更先进的设备。

我和布拉甘迪把一整年都花在了研究印刷原理、定量打印图案的方法和雕版印刷上。十三岁的我便已经痴迷于印刷。

我哥哥保罗已经到了可以去工作的年龄，于是父母决定让他去市场帮忙，以回报舅舅的慷慨。莱昂舅舅就在这附近的镇广场上卖针织品。可问题是他们两人脾气都很火暴，莱昂根本受不了有人顶撞他。于是争吵一次接一次，整间屋子都得忍受这种折磨。为了平息紧张的气氛，终于有一天，母亲决定让我离开学校去顶替保罗。因为我已经小学毕业，而且性格也更加温顺。这对于对经商不感兴趣的我来说简直是场噩梦。一方面，我不得不抛弃自己喜欢的学校印刷室；另一方面，舅舅还有个很不好的习惯：经常会责骂助手，甚至踢助手屁股。在当时，我可能会顺从地去卖东西，但要让我当众出丑，不，我决不。

在寒冷的室外被莱昂折磨了几周之后，我逃走了。街角有一家通用电气的工厂，当时正在为法国军队造飞机仪表盘。为了设法让他们接收我，我甚至谎报了年龄——其实我根本没到十四岁。但只要不去市场上卖东西，我什么都能接受。而且后来我发现自己挺喜欢工厂的。这是一个崭新的世界，我就是在这里遇到了那些人生中很重要的人。因为我年纪很小，他们就把我当作学徒，我和女工们一起被安排在了接线部门。啊哈，我知道你们在笑。不过你们会失望的——她们都比我大很多，我根本没有任何机会。但另外一方面，她们又都很信任我，我很看重这一点。我从她们身上学到了很多。有个二十岁左右很亲切的女孩，叫塞西尔，她既淘气又有趣。

有时候她一边抽烟，一边对我说："你还不是男人，所以我还能跟你讲些事情，等你再大点就不行了……"或者是："过来亲亲我，阿道夫，就这儿，在嘴唇上，你今天可不像往常那样黏人啦，不是吗……"然后说完她就会大笑。可能让我脸红她会很开心吧。

有一些男人也成了我的朋友：乡村男孩雅克，还有红头发的北方人让－拜耳。让很懂政治，令我印象深刻的是他曾在监狱里待过，因为他在自己那个酒鬼父亲打老婆时，用锤子砸了他的脑袋。他喜欢唱蒂诺·罗西（Tino Rossi）的歌，尤其是"巴黎公社"[1]的革命歌曲，他还是个反叛者，当我还在慢慢寻找自信时，他身上就已经有了那种我梦寐以求的迷人气质。在工厂里，我终于学会了把自己当作一个成年人来看待。别笑我，我的整个青春期就在这几个月里过去了。我开始了解政治，第一次感觉自己自由而独立。这很重要。

直到有一天，他们来了，那是在 1940 年 6 月，当时为了每天

---

[1]　1871 年法国无产阶级在巴黎建立的工人革命政权。——译注

往返工厂的八公里路，我买了辆自行车。保罗也不愿屈服于莱昂的怒火，和我一样来到了工厂，不过是在另外一个部门。当我正全力以赴想打破我的骑行最高速度纪录时，我看到坦克在维尔的街道上朝我开过来。

崭新的坦克，就好像刚从生产线上开下来一样。旁边的士兵也都穿着锃亮的靴子和毫无瑕疵的制服。我终于明白之前父亲看到法国兵时说的话了。当时那些征来的兵穿着不合身的衣服，有的人连头盔都没有。他说："这次我很确定，结局已定，我们不可能靠这样的军队来打赢这场战争。"

我孤零零地站在路中间，和他们面对面。随后我立刻掉头，用最快的速度蹬车离开。我根本没想到他们已经离我们这么近，还以为危险很遥远——虽然战争刚刚开始时，我已经看到路边有成百上千的难民带着他们的全部家当，赶在德国军队到来前逃走。这些人来自比利时和法国北部，我们甚至还为他们中的一些人提供过住宿，他们则向我们讲述无止境的逃难，以及一路上不断遭受的轰炸。然后他们就走了，去向另外一个未知的目的地，但我们还没走。有一次，莱昂已经把东西装上了卡车，准备打包离开，但最终他还是改变了主意，觉得以后还有机会。没人能想到这场战争会拖得这么久。

德国人一来，工厂就停工了，等过段时间再开工时，就已经转而为德国空军工作了，而且禁止雇用犹太人。这里只有两个犹太人，于是我和保罗被赶了出来。当我们被带向门口时，我听见从工作台的后面传来一个声音："伦敦呼叫，伦敦呼叫，巴黎电台在撒谎……"

我立刻听出来这是我朋友让－拜耳的声音，他在用自己的方式和我们并肩作战。有些女人给我们鼓掌，有些工人在吹口哨表示抗议，不过工头立刻中止了这场喧闹。战争已经抵达维尔。

由于不想回市场工作，我迅速找到了一个染匠学徒的差事。布斯马尔德先生是一位化学工程师，之前是法国军队里的一个军士，后来因为身体原因复员。他之前的助理在战争中被俘，于是招了我来代替。一开始他觉得我太小，只让我烧锅炉，不过我很快就承担了更多的工作。当时物资奇缺，也很难找到价钱合理的衣服，所以我们染的最多的就是军队制服和"一战"中用过的大衣。为了把它们做成普通平民穿的衣服，我们得把卡其色染成棕色或海军蓝。这活又苦又累，尤其是在冬天，在气温接近零摄氏度的刺骨寒风中，每件衣服都要在河里仔细冲洗。我穿着的衣服会在身上结冰，手也被冻麻了。不过这份工作能让我赚到钱，而且正是在这里，我做了人生中第一个化学实验：把染料倒进泡着衣服的大桶，水会变得黢黑；但我目瞪口呆地发现，当整个过程结束时，衣服是黑了，水却又变得像山泉一样清澈。

后来我才恍然大悟：原来所有染剂都只附着在纺织品上，而不是水里。"这就说明整个过程成功了。"布斯马尔德解释道。我被这个实验深深吸引了，问能不能带点染剂回去，我打算用父亲工作室里不要的边角料做实验——他在家里做一些裁缝助理的工作。白天我们在桶里搅拌衣服时，我会问上一大堆问题，然后晚上回去偷偷做实验。我从中找到了乐趣。布斯马尔德被我对化学的兴趣和执着逗乐了，他向我"抱怨"道："我之前招过那么多人，他们能做好自己的工作就很知足了；但和你一起的时候，我总得不停地说话。"

这是第一次有人对布斯马尔德掌握的知识表现出兴趣，所以尽管他举止有些粗俗，却也感到十分受用。他跟我解释那些化学原理时就像翻菜谱一样，一切在他那里都变得异常简单。所以你明白了吧，后来我之所以对消除墨迹有兴趣，其实源于"作为一个好染匠，你必须具备去除衣物上污渍的能力"这一想法。

我很快就意识到，只要你有决心并且方法得当，什么事都能做成。我确实做到了。前面提过，起初我研究的是擦不掉的墨迹，但最终却把它们全擦掉了。从那以后，我在染坊就成了那个能攻克难关、完成不可能完成的任务的人。附近镇上的人都会把他们弄脏了的蕾丝花边圣餐手套和丝质婚纱拿给我。修好所有被认为是不可能修好的东西便成了我的任务。

对于一个有热情的化学初学者来说，最常面临的是材料受损的问题。一开始我在家里的厨房做实验，工具只有平底锅和母亲洗衣烘衣用的锅炉。但经过几次不幸的灾难，尤其是几次爆炸后——其中一次还引起了火灾——我就被禁止在家里做化学实验了。

不过由于我手巧，又常给舅舅做些小活计，最终，我说服他把他那空置已久的旧房子给我当实验室用。

那段时间在维尔，我每天都会骑车经过一个药店。一开始没太注意，直到有一天我在橱窗里有了新发现——一整套的化学实验用具正在出售：曲颈瓶、球形烧瓶、旋管冷凝器。这么一套宝贝，我都不敢问价格。随后的几天里，我一次次地经过这套用具。它们一直都在。一个星期后，我终于下定决心走进店里，当时药剂师布兰库尔特先生正吹着口哨收拾瓶子。

"想要什么，小伙子？"他问道，看见我正盯着那套实验用具。

"呃……不，是那个，是的，我想知道那个多少钱。"

"你要用来做什么？"

"学化学。"

"什么化学？"

"做各种各样的实验。我在染坊工作，已经做了很多去除墨迹的实验，我想更进一步。"

他没告诉我价格，不过我看得出来，如果想要一整套的话，将会是一笔巨款。他向我演示了这些设备的用法，还有些其他东西——比如一个我确定自己一生都无法拥有的铜制立式显微镜。他用眼角的余光瞄着我，见我对每件器具都赞叹不已，于是对我心生好感。我们一直在聊化学，他十分博学，是个药剂学博士。

"我可以一点一点地买下它们吗？"我小心翼翼地问道。

"你想要的话，我可以先给你留着。等你攒够一件东西的钱，随时来就好。"

我攒下所有工资，这套实验用具终于一个接一个地来到了我舅舅的老房子里。布兰库尔特以实际价格的十分之一把这些东西卖给了我，甚至还附赠了那个我这辈子都买不起的精美显微镜。我的闲暇时间全被写满化学分子式的书所占据。在维尔的跳蚤市场，我甚至还找到了被称为化学之父之一的马塞兰·贝特洛[1]的初版论文。我如饥似渴地学习着接触到的一切，包括《村舍评论》上的实用建议——我在里面找到了上千种非常有效的传统化学技巧。

为了让知识更全面，我还每周一次去给黄油乳制品商店的药剂师当助手——无偿的，不过作为报酬，他会教我一些理论知识，外加一小块黄油。乳制品商店收购乳酪时是按照脂肪含量来付钱的。大小和重量都不重要，只看脂肪含量，防止有些狡猾的农民用掺了水的奶油来骗钱。我们要做的事情很简单，就是在奶油样品里溶解一些亚甲蓝，然后记下来用乳酸让它褪色需要多长时间。这对于普通人来说可能只是一条微不足道的信息，对吧？对于我来说也是。当时的我从没想过会因为这些知识而被招募进抵抗组织。

德国人来了以后，除了被工厂开除，我的生活没太大变化。战争仍在继续，却仿佛是在远处发生的事情一样，并没真正影响到我们。

后来，维希政府颁布了第一批法令：我们不得再拥有邮政或银行账户。根据 1940 年 10 月 3 日颁布的法令，我们必须到警察局去登记。我记得当时是和父亲一起去的。或许是因为舅舅的好名声，

---

[1] 马塞兰·贝特洛（Marcellin Berthelot，1827—1907），法国化学家，是合成自然界不存在的有机物的第一人。——编注

我们在这一片比较有名。警察局的职员跟我们解释说，我们有阿根廷国籍，可以不必公开自己的犹太人身份。但我父亲迫切地想要履行作为法国公民的义务，不想因此而受人指摘。我能感觉到这个职员并不急着给我们登记，反而想说服我们离开。不过一切都是徒劳，最终他还是把我和父亲的姓名、出生日期和地址登记在了文件里。几天后我们在街头相遇，这个职员微笑着用善意的口吻对父亲说："卡明斯基先生，我弄丢了你们的文件，也许是不小心掉进火炉里了。"

"那我明天会再来登记一次。"

"没有这个必要。"

"我必须得来。明天见。"

这一次我们的信息终于被记录在案了。就佩戴星标这件事来说，父亲一点都不谨慎。"如果我们的国籍能让我们免除义务，那我们自然用不着戴它了。"他信誓旦旦地说道。

然而，令人痛苦的事情还是开始发生了——虽然可能是从你意想不到的地方。一个周日，镇上妓院的老板——德莫依夫妇，在一名德国军官的陪同下来敲我们家的门，身旁还有一个人。他们想要"检查"一下屋子。舅舅对自己精致的住宅很是自豪，二话没说就答应了。不过他们上楼后，我听见从卧室传来几声怒吼，然后看到莱昂在德国军官的屁股上踢了一脚，把他踹下了楼梯，发出哗啦一声巨响。根据以往经验，我很了解莱昂舅舅这一脚的威力。如果他是踹在了德莫依夫妇中任何一个人的身上，我都会大笑不止，不过他踹的是一位德国军官，我简直要被吓死了。舅舅随后还在门口大声喊道："把我家当妓院？没门儿！"

之后几天，我一直在焦急地等待着这件事的后果。不过整整一个月里什么事都没发生。直到一天傍晚，莱昂的两位警察老友带来了灾难性的消息——光是他们身着便服这一点，就已经是一个很不祥的预兆了。

"基基[1]，他们明天一早就要来抓你了。你得马上离开这儿。"

"去哪儿？"

"哪儿都行，只要离这儿够远。"

舅舅当晚就走了，一件行李都没带，连基本的生活用品都没拿，就坐上了最近一班去巴黎的火车。

几周后，这两个警察又来找我们了。他们想提醒母亲，盖世太保已经截获了一封她寄给她弟弟的信，拿到了他在巴黎的地址。我知道你在想什么：他们怎么能这么天真，事到如今还给彼此写信？我到今天也没法解释。他们对当时发生的一切毫无察觉。

我们没有电话。趁一切还来得及，母亲也搭火车到巴黎好去提醒舅舅。"我很快就回来，再见孩子们。"然后生活就这么继续着，每天面临的还是那些小问题。各种物资短缺，到处都找不到任何东西，哪怕是最基本的生活用品，想存点东西也变得越来越难。好在有实验室，我知道了如何用小苏打里的碳酸盐做肥皂，如何

---

[1] 莱昂舅舅的小名。——编注

用石蜡和蜡光亮剂做蜡烛——由于经常断电，蜡烛变得十分紧俏。

药剂师布兰库尔特时不时地会让我帮他做些条皂，用来治疗疖疮——这种疾病当时已经在这个地区大范围蔓延开来。我在弗莱尔找到了一家供货商，让他把所有卖不出去的东西都给我，我再做成有用的东西免费发放出去。有一次，他给了我几百公斤卖不掉的固化盐，因为里面有氧化铁。

每家都缺盐，纳粹当时控制了盐的销售——因为当时农民们为了避免自己家的猪肉被征用到德国去，会用盐把肉腌起来藏好。我把这些盐溶解过滤，因为氧化铁比较重，会在底部形成一层沉淀物；然后我让表层重新风干，再次结晶成盐。几天后，这些就全变成了精盐。因为要提纯的盐的量实在太大，我把它都分给了农民们，并向他们演示了操作流程。几个月后，大家都掌握了这种方法。正是因为这样，在很长一段时间里，维尔人才不至于像其他地方的人那样挨饿。

成天忙着这些事情，我几乎没在家待过。母亲也没回来，在她离开家一周后，父亲和保罗一起去找她。两天后他们回来了，让我们放心，说母亲只是感染了一些不知道是什么的病菌，正住在巴黎的医院里。这显然没什么好担心的。日子照常过，父亲和哥哥也没再提过这件事。

我能免费生产条皂的消息很快就传遍了整个镇子。

女人们做涮洗类的家务很需要它。我骑着自行车挨家挨户地送货时，又见到了之前一起上学的多拉。可怜的小东西因为父亲重病，所以只能中途辍学去照顾他；随着时间的推移，我也不再害怕他了。正是靠着这些条皂，我才能和工厂里的那些朋友保持联系。我很高兴能再次见到塞西尔。即使现世艰难，她仍然风趣一如往常，除了这一次，当她跟我打招呼时，声音听上去异常失落。

"嗨，是你。抽烟吗？"

"不了，谢谢，我不抽烟。"

"可怜……因为你还不是一个男人。你该试试。我难过的时候会抽得更多。"

"难过？为什么？"

"你没听说吗？"

"听说什么？"

"让－拜耳，工厂里的那个。"

"他怎么了？"

"被处决了。"

那是 1940 年年底，冬季的一个雨天。我骑着自行车离开，疯了似的踩着踏板，就这么漫无目的地穿过诺曼底平原。让－拜耳死了。他是我亲近的人里面第一个被战争带走的。他和他那些愤世嫉俗的玩笑，还有永远挂在嘴角的烟屁股，以及他玩世不恭的态度，都一起消失了。我回忆起过去那些时光，我曾经努力想要变得和他一样。此刻，我的身体正逆风蹬着自行车，思绪却迷失在一片混乱的记忆中。突然间，我意识到了那件最可怕的事：母亲已经死了，而我刚刚才意识到这一点。那天，水不断地从我脸上冲刷而下，而那并不是雨水。让－拜耳的死亡让我不再对周围的一切视若无睹。什么样的病能让母亲在医院待那么久？自从父亲告诉我们关于病菌的事情以后，他就一直保持沉默。我怎么还不明白？就连我只有十岁的妹妹玻琳都曾明确表达过她的担忧。

我到家后直接去问了父亲，他坦白了。铁路公司在铁轨旁发现了母亲的尸体。她去巴黎提醒莱昂舅舅后，他便立刻躲了起来。她是在坐火车回家的路上出的事。保罗和父亲一起去认领的尸体，这也是他们花了两天时间的原因。当保罗看见母亲"身首异处，甚至脑浆都迸出来"时，心理受到了严重的创伤，他选择对我们这些小的孩子保持沉默。但父亲本该告诉我们的。负责调查的探员说，是母亲在火车行进中误把车厢门当成了厕所门导致的。保罗选择相信这个解释，直到今天他对此都深信不疑。父亲带了一个巴黎的律师去料理后事，但因为那个律师是犹太人，所以没过多久就被逮捕并遭到驱逐。我对这个"意外论"的解释表示不屑一顾。据我所知，母亲是被推下去的。这是一场谋杀。

"但是没人能证明。"

那你告诉我：如果有人告诉你说我从火车上掉下去了，因为我把车厢门当成了厕所门，你会怎么想？

所以你懂了吧，这就是当时的处理办法。几天后发生的一件事证实了我的观点：来自司令部的一封信要求我们搬离莱昂的房子，因为那里已经被德军征用，并按照市长办公室规定的价格分配给了德莫依夫妇。这是德莫依夫妇的复仇。这下那间房子彻底变成了军官们的妓院，整个战争期间都人满为患。人们说那儿的酒水和姑娘都很美味，而且很便宜。

市长办公室把我们的住宿安排在了车站广场的一个老妇人家里。我几乎每天都去找药剂师布兰库尔特。自从得知母亲的死讯后，我就全身心投入到了化学之中，这是我活下去的唯一理由。每当我在研究中碰钉子，布兰库尔特都会帮我，给我无数建议。我们什么都聊，尤其是战争。他很仁慈也善于倾听，渐渐地，他开始成为我精神上的父亲。

1942 年夏天，伦敦电台的一则消息第一次给我们带来了希望。德军终于在斯大林格勒战役中遭遇了抵抗。同时我也听说针对德军护卫队的破坏行动正在紧密筹备中，各小组都被动员了起来。作为回应，德国政府决定让镇上所有男人轮流在铁路沿线值夜班。从某种程度上来讲是去当人质。因为如果铁路遭到攻击，那些正在值班的人就会被行刑队枪决。我虽然还不到年纪，却也跟着父亲和保罗一起去值班，因为这样就能见到布兰库尔特。我也忘了是怎么提到的，但聊着聊着我才终于意识到，原来他是戴高乐情报机构的一名特工，药店只是伪装而已。布兰库尔特和在诺曼底区执行破坏行动的组织一直都有联系。我并不想因为亲人的死而终日坐在那里，除了哀叹之外无所事事，他也了解这一点。一天晚上，当我们一边喝着人造咖啡一边昏昏欲睡地在铁路旁值班时，他说："如果我告诉你怎么做，你愿意为我做一些比制造条皂更危险的事吗？"

天知道我等这一刻已经等了多久，只是一直不敢说出来罢了！

"现在听好了，这项工作很复杂。尤其是剂量，你必须格外小心才行。"

从那天起，除了生产条皂、蜡烛和盐之外，我还得做一些更危险的东西，比如能腐蚀输电线、让铁路零件生锈的东西，以及一些小型炸药。参与破坏行动让我第一次在面临母亲和好友让－拜耳的死亡时，不再感觉那么无力。至少，我有了正在为他们报仇的感觉，而且我很骄傲：我终于加入了抵抗组织。

3

1943 年夏天，我被德国人逮捕了。当时我正和弟弟安热尔在
染坊工作，我雇他来帮忙。前来逮捕的人让我们跟他们走，随后上
了一辆伪装过的军用卡车。我的家人都已经在车里了，还有老奥
吉埃和他的女儿多拉，就是那个之前经常和我一起上学的女孩儿。
这是一次小型围捕：维尔的犹太人只剩下我们了。当我看到父亲时，
我很希望他能说些什么，任何让我们安心的话都可以，但他一直
保持着沉默。我也和其他人一样，丝毫没有反抗，也没说一句话。
整个行程持续了两个小时，没人问我们这是去哪儿。

卡车终于停了，我们被塞进卡昂最臭名昭著的监狱——拉马
拉德莱里监狱。七个人全部挤在一间十平方米的房间里，连躺下
的地方都没有——除了年纪又大病又重的奥吉埃之外。整整两天
时间，没有一个守卫过来看我们一眼，也没有食物和水。我们被
完全遗忘了。

没过多久，躺在稻草垫子上的奥吉埃开始呻吟。他的嘴巴半
张着，双眼死死盯着天花板，眼泪顺着满是皱纹的脸不停地往下流，

多拉俯下身靠近他，可是这位老人就要死了，他的呻吟声越来越大，并不时打断他的呼吸。我试着用同样的节奏呼吸，以分担他的痛苦。父亲用拳头捶门，想让守卫知道这里有人快要死了。他弄出了很大的动静，这才有个守卫过来。

"他参加过'一战'，和你并肩为德国打过仗。他为此还失去了一条腿，你们不能让他就这样死在监狱里。"

守卫一句话没说就走了。奥吉埃求我父亲给他提前唱珈底什[1]。我看见父亲起身，开始为他朗诵献给死人的祷文。这是我第一次听见祷告，我之前甚至都不知道父亲会这个。父亲念诵的祷文打破了几日来监狱里的沉寂，他的声音也由此带上了特殊而重大的意义。我知道被关在这里只是一个开始，后面还有集中营，或者死亡。起身唱祷文之前，父亲望着我们每个人的眼睛。那一天，我们都确定，自己听到的就是所罗门的祈祷。

奥吉埃解脱了，但他的女儿还没有。父亲发誓会像照顾自己的女儿一样照顾她，我们也把多拉当成了家庭里的一员，这样她就不至于变成孤儿了。第二天，我们和这个地区其他所有犹太囚犯一起，被赶上了一列火车。装得满满的公交车把人像卸货一样放出来，然后再由士兵把我们塞进火车车厢。数百个人就这么堆在车厢里，什么年龄和阶层的都有。在一片嘈杂声中，德朗西这个地方被反复提及。保罗在车厢里奔走，到处问："谁有纸？有吗？

---

[1] 珈底什（Kaddish），犹太教做礼拜或为死者祈祷时唱的赞美诗。——编注

钢笔有吗？"

有的人是在家里被抓的，他们带了行李。保罗从这些人那儿借来了他需要的东西，回到了我们身边。

"你要做什么？"

"我要写信给阿根廷领事。"

"为什么？"

"你看，他们都戴着星标，而我们没戴。能在这时候帮我们的只有领事，他能保护我们。"

他写了好多封信，内容都一样，上面写了我们的名字、日期和要被送去的地方，这样阿根廷方面就能要求释放我们了。火车开走了。保罗把这些信给了所有他能找到的人，还有铁路工人，甚至还从窗户扔出去了几封。

我们唯一希望的就是哪位好心人能帮我们贴上邮票然后寄出去。

让我来描述一下德朗西。那是一片用带刺铁丝网围起来的住房区。六层高的楼群一字排开，很长，这些尚未完工的楼房绕着巨大的院子形成了一个"U"字。没有门，没有窗户，也没有隔墙。由加固混凝土做成的住宅区就像一个骷髅一样被丢弃在那里。一座无墙的监狱，没有东西能帮你挡掉审视的目光，或者阻挡寒风。对于守卫来说地面上的一切都一览无余，同时在我们头顶上方，还有五座巨塔投下的恐怖阴影。德国占领军就住在里面。

这是一座"风殿"：一是字面上的意义，冷风一直在不停地吹；

二是被逮捕的人们来到这里又被火车运走，也像是风吹过一样。

　　这里有几千人，全是抓来等待被火车送走的。四十人一个房间，到了晚上男人和女人会分开。这里像是一座蚁冢。没有人会在德朗西留下来，这里只是他们被送到欧洲各个集中营前的一站，他们在这里被分拣。有的人刚到就会被送走。德国人把那些地方称为"劳动营"，你见过能工作的老人和不到两岁的婴儿吗？这已经不是战争刚开始的时候了，所有人都听说过"冬季赛车场大搜捕"[1]。至于这里的人要被送到哪儿去，我们听到的目的地只有一个：佩奇波伊[2]。

　　在人们离开的前一晚，你能听见整幢楼里都回响着哭声，他们当中有的人被剃光了头，有的因为没有床只能坐在楼梯上。听起来这里就像一座精神病院。每当听到这些人的声音，我都会想起住在女性区的妹妹玻琳和多拉。整个晚上，我只希望她们能睡着，这样她们就不会知道发生了什么。父亲已经答应过奥吉埃把多拉当成自家人，但不幸的是，此次领养只对我们自己有效。我们刚到这里，多拉就被安排到了楼下——那里都是"被驱逐的人"。父亲想尽办法让他们相信多拉是他的女儿，甚至还设法跟集中营的指挥官阿洛伊斯·布伦纳见了一面。但布伦纳坚持认为多拉是法国人，他的话让父亲只能接受现实："如果就像你说的你不能抛弃

---

[1]　又称"维尔希夫大围捕"，是 1942 年法国警察针对犹太人进行的一次大搜捕，因当时犹太人被驱赶到巴黎冬季赛车场而得名。——译注

[2]　佩奇波伊（Pitchipoï），德朗西的犹太人对死亡营的称呼。——原注

她，我可以给你们全家在下一趟列车里找好位置。"

这次令人沮丧的会面结束几天后，多拉的名字就出现在了被遣送的名单上。对于她的离开，我们无能为力，时间也没法抹去我心里深深的愧疚感。

很多人都被送走了，而我们还留在这里。这里的规矩是每次遣送一千人，布伦纳对数字很执着，如果一个人在出发前失踪了，就会另外找一个人来代替。这个集中营可以前一天还和罐头一样挤，到了第二天就空空如也，然后又必将再次被新抓来的囚犯填满。全是犹太人：高的、矮的，金发的、棕发的……到了德朗西后，我才发现自己此前对犹太人一无所知。维尔的犹太人很少：雇用我父亲的莱维一家，奥吉埃一家，我们一家，还有其他几个人。纳粹宣传部门把犹太人说得很邪恶，夸张离奇的描述让我丝毫没有意识到那就是在说自己，但是大众似乎很认可。战争期间我听到了不少反犹言论，并没怎么在意。人们会跟我说：

"都是犹太人的错，那些肮脏的犹太人。"

"但我们也是犹太人。"

"啊，是，你们不一样。你们和我们是一样的，但其他犹太人……"

他们真的知道其他犹太人是什么样吗？我自己都不知道。在德朗西，我看到了各种各样的犹太人。我爱他们，通过爱他们，我也学会了爱自己——我能感觉到自己是一个犹太人，这个身份会伴随我一生。

在德朗西，我从一位老人那里学会了代数和算术，之前犹太人还能教课时，他在巴黎综合理工大学[1]当老师。他每天都会花好几个小时在我身上，而我则完全沉迷在数学和化学之间的关系里。我对什么都好奇，为了让课程能够顺利往下进行，我白天做笔记，晚上再背下来。

多亏了这位老人，让我即使在与外界隔绝的环境中也能继续学习理论。他被我对知识的如饥似渴所打动，我想这些课程体现了我俩的一种基本且非理性的渴求，因为那是唯一能让我们忘记当下的囚徒处境的时刻。我是他最后一名学生。有一天，到了上课时间他却没来。他特意没提前告诉我，他的名字出现在了名单上，或许就是为了帮我们省去一次艰难的告别。

我对政治的了解也越来越全面。我在这里延续了之前和让－拜耳在工厂，以及随后和布兰库尔特一起在维尔铁路线上值班时的那些永无休止的对话，现在则是和欧内斯特·阿彭策勒，一个金发碧眼的年轻人，他简直可以作为雅利安人种"优越性"的代表而登上海报了。当时我十七岁，他十八岁。他说他是因为受过割礼而被误抓的。"受过割礼但不是犹太人。"他补充道。

他当时要求专门研究种族问题的德国科学委员会对他进行一次测试，他确信测试结果只会向他们证明自己是雅利安人。他自信的语调和敏捷的思维让我想起了我的朋友让－拜耳。他常跟我

---

[1] 法国最顶尖的工程师大学，当时是教炮术和工程学的军事学院。——编注

说："如果我是犹太人，那我一定是个复国主义 [1] 者。"

像父亲一样，我认为犹太人能拥有自己的土地纯属幻想。我觉得一个人无论信仰何种宗教，都应该对自己居住的地方有一种家的归属感；归根结底，宗教和国籍没有必要一致。我和欧内斯特无所不谈。我们彼此交换观点，任何事都能形成一套理论：政治、哲学，还有我们的理想。我们甚至还聊过神学，不过主要是他在聊，我其实不太懂。我被欧内斯特所掌握的犹太教知识所折服——而他甚至都不是犹太人。我俩一起创造了一个新世界，一个更好的世界。

三个月来，我遇到了数不清的人，这些相遇很不寻常，让我永久受益。我交了很多朋友，却只能眼看着他们一个接一个被驱逐，离开，而我对此无能为力。作为一个阿根廷人，我获得了在集中营里工作的"特权"。我先是当粉刷匠。在那些被我刷白了的墙壁上，原先写了很多的名字、日期，还有一些我不想涂掉的信息——因为这可能是写下信息的人生命最后的印记。有一次，我在刚刷完的墙上用铁片把那些字又刻了一遍，不幸的是，我被抓到了。于是我被送去了洗衣房工作，以免我再干下"这样的蠢事"。不知道为什么，阿洛伊斯·布伦纳每天巡查集中营时都会在我面前停下来，挺直身体，恶狠狠地瞪我一眼。在他面前我们本该低下头，但我选择了直面他的目光——那是为了多拉和其他所有人。既然

---

[1] 犹太复国主义，是指散居世界各地的犹太人要求回到古代故乡巴勒斯坦重建犹太国的政治主张与运动，既是一种意识形态，也是一种文化模式。——编注

所有人都陆续被运走去送死，只有我留在这里，我才不管会有什么后果。我已经不再害怕。直到现在，我依然能记得布伦纳用他那双尖利的黑色小眼睛看我时的眼神。他每天都会上下打量我一番，无视我的傲慢，一言不发地接着走他的路。对此我很是费解，我一直都不明白他为什么一句话都不说。也许是阿根廷领事馆不断要求释放我们，引起了他的好奇心；又或者只是单纯地因为我叫阿道夫。

"你们是怎么活着离开德朗西的？"

保罗给阿根廷领事的信起了作用。我们在集中营待了三个月，这是最长期限。救下我们的是一个政府的懦夫外交：它一方面不愿与强大的北美政府为敌，另一方面又想保住和纳粹德国的经济协议。于是阿根廷宣布保持中立，但中立并不存在。即便什么都不说、什么也不做，也足以让这个国家成为帮凶。

当父亲说我们将被释放时，我差点就要把"拒绝"说出口：要在其他人迈向死亡之际离开，为什么活下来的是我们而不是他们呢？所罗门试图说服我：我留在这里毫无意义，在外面或许还有点用……这让我立刻想起了布兰库尔特和我在维尔做过的火药。我应该在那儿，和他一起。无论如何我都要回到那里。

就这样，我们身无分文地来到巴黎，身上只有藏在夹克衬里的由德朗西那些被关押的人写的几十封信。巴黎的反犹法律比其他任何地方都更加严苛，我们虽然没佩戴黄色的星标，但证件上的红色印章已足够明显。我们住不了旅馆，也回不了诺曼底，甚

至都不能给自己买食物。虽然自由，但却举步维艰。自从 1938 年
搬到维尔后，我就再也没来过巴黎。这座城市变了不少。所有路
标都用了德文和法文两种文字，店铺橱窗里挂着"犹太人禁止入内"
的牌子。墙上贴满了海报，上面画着鹰钩鼻、大耳朵、指甲像鸟
爪一样尖的犹太人。德国军官坐着闪亮的新车开过街头，与贫穷
破败的巴黎形成了鲜明对比。有人建议我们去找法国犹太人总工
会。像孤魂野鬼一样在街头游荡了一整天，眼看就要到宵禁时间了，
一无所获的我们只得照办。我们坐上最后一班地铁，在犹太人专
属的三等车厢里。保罗不想去，他自己走了，他怀疑法国犹太人
总工会的旅馆是一个陷阱。这确实是事实。他们就是一群和纳粹
串通一气的犹太人。

　　我们被安置到了瓦勒德马恩省的一处位于舒瓦西勒鲁瓦的房
子里。那里曾经是一家养老院。我们在那儿得到了食物和照料。
在德朗西的那段时间我变得很瘦，站都站不起来，膝盖不停打战。
等恢复了一点力气后，我径直到塞纳河岸边的一家二手书商那里
买了不少化学书。我想在重新任凭布兰库尔特差遣之前，学会如
何造出有威力的炸药。我们被放出来的当天我就给他写了封信，
我在信中实事求是地向他讲述了一切——显然，这也没什么好难
堪的——就是告诉他我还活着。出乎我意料的是，他回了一封热
情洋溢的长信，信中满是善意和鼓励，还提醒我说他随时都会尽
全力来帮助我。我把这封信当作护身符藏在枕头底下，这样就算
是在晚上也不会弄丢。

我在这里住了十天左右，直到有一天凌晨四点的时候，我听见了车的声音，引擎在我的窗户底下熄灭，然后是警察的脚步声。就在他们上楼的这段时间里，我吞下了布兰库尔特的信。我把它放进嘴里，可是信太长我没能全吃掉，但好在我已经把最关键的部分吞了下去，剩下的就丢进马桶冲走了。警察闯进了房间，告诉我有十分钟整理行李的时间，十分钟后必须离开。我带上了所有化学书，全是很重的大部头；再加上我依然很虚弱，其中一个警察还礼貌地帮我一起打包。我心想，这个人大概不会想到，他帮我搬的是我打算用来和他们作战的工具。

我们再次回到了德朗西，因为经历过这一切，所以我们都克服了那种恐怖的感觉。这一次，父亲一到这儿就开始了抗议。可局面似乎有些混乱。有人说："是的，上面下令逮捕他们。" 另外一些人说没有。最终，在经过了二十四小时后，我们被释放了。刚走出来，我们就在门口遇到了被警察围着、要送进德朗西的一群人。父亲听到他们在用西班牙语和意第绪语[1]混着交流——这是阿根廷犹太人的典型特征。

"你们从哪儿来？"父亲问他们。

"我们是阿根廷人。"

"但……不是有外交协定吗？"

"已经没有了，他们现在在抓所有的阿根廷人。"

---

[1] 意第绪语，属于日耳曼语族，主要使用者为犹太人，其中又以德国犹太人为主。——编注

我们这才明白，原来德国和阿根廷之间的协议已经终止，我们的庇护也消失了。此次重获自由，靠的是法国警方、纳粹党卫军和德朗西管理层之间的沟通不畅。如果再晚几个小时，我们就死定了。

第二天，父亲消失了，等到再回来时，他召集了一次家庭会议。

"我联系上了一个多年未见的老朋友，一个俄罗斯人，是崩得组织的前成员。从现在起我们需要分头行动，大家各走各的。"

"就连我也是吗？"只有十三岁的玻琳用颤抖的声音问道，光是想想要和我们分开，就把她吓得够呛。

"你们每个人都会被安排到一个农场里，我还不知道具体在哪儿或用什么方式，但首先我们需要弄到一些假证件。我们需要准备一些护照照片，他们希望由一个年轻人把照片带过去。阿道夫，就靠你了。他们很快会给你安排一次会面，对方叫'企鹅'。"

假证件……从小到大我受到的教育都告诉我要遵纪守法，假证件这回事我真的是从来没想过……

几个小时后我到达了见面地点，按照指示带着一本书在法兰西公学院门前的莫里哀雕像旁等待。我站在那里，人群在我身边来来往往，他们当中的大多数都是学生，但是没人来找我。我不时地向四周看看，想要找出符合我心目中抵抗组织成员形象的人。不知道为什么，我总觉得那应该是个像让 - 拜耳一样高大、自信、随和的人。

"阿道夫。"

我转过身，发现面前站着的是一个矮个子，微胖，有着一头黑色鬈发的年轻人。他很随意地和我打了个招呼，就像我们认识了很久一样。没人会怀疑这次见面。

"企鹅？"

他确认四周没人跟着我们后，带我走进了法兰西公学院。"你带照片了吗？"

我一边在走廊上走着，一边迅速把照片递给他，他立刻将它们塞进了口袋。整个过程中我们的脚步没有丝毫停顿。

"我们会试着在证件上保留你们真实姓名的首字母。你是哪年出生的？"

"1925 年。"

"我们会写成 1926 年，好让你的年龄变小一点，这样一来你就可以免除强制劳役了。职业的话，就写学生。"

"不，不行！我还得工作挣钱呢。"

"你有活儿干？"

"对，我是染匠。"

就在这时，一个学生从离我们很近的地方走了过去。企鹅马上改变了声调："你还记得她吗，吕西安娜？想不到吧，我刚碰到她了，你说巧不巧？她在学法律，但还和她父母住在一起……"

等那个学生走开后，企鹅继续说道："你说你是染匠？"

"对，没错。"

"那你肯定知道如何去除墨渍了？"

"是的，这是我的强项。我还会做一些化学实验。"

"那去不掉的墨迹呢？"

"没有这种东西。所有墨迹都能去掉。"

这时又有一群学生朝我们走了过来。企鹅看了看四周，开始谈别的，关于一个我认识的人因为感冒今晚不能来一起吃饭云云。我开始掌握了些技巧，接着他的话聊了几句，然后又回到了刚才被打断的话题上。

"我们在处理华特曼笔[1]的蓝色墨迹方面遇到了难题，它根本没办法去除——这种笔迹到哪儿都弄不掉。你有办法吗？"

"目前没有，我得先分析一下里面的成分。"

"这个我知道，亚甲蓝。"

"那就很简单了。只需要用到一种还原剂——乳酸。"

"你确定？"

我确定？我怎么可能不确定！于是我跟他讲了我是如何在维尔的乳制品商店里学到了化学知识，包括那些让我读得如痴如醉的化学书，以及如何去除衣服上的污渍，还有如何制造条皂、蜡烛，甚至炸药。他上下打量了我一番，最后问出了那个我期待已久的问题："你愿意为我们工作吗？"

两天后在同样的时间、同样的地点，我们又见了一次面。这

---

[1] 华特曼（Waterman），世界钢笔之父，由他创立的华特曼公司是历史最悠久的笔类制造商。——编注

一次是为了取回我们全家人的假证件。从现在起，我就是朱利安·阿道夫·凯勒了；安热尔和玻琳同我一样，也姓凯勒；父亲变成了乔治·韦尔内。我们全都是土生土长的法国人——抵抗组织让我们所有人都"入了法国籍"。

因为周围人很多，企鹅一直在跟我聊他的堂姐——本来打算结婚的她，却不料被未婚夫毁约，等等。我很怕他会对之前的提议绝口不提，毕竟我已经激动得两天晚上没睡好觉了。临分别前，他让我去青年人旅馆租一个房间，并告诉我那是一个由救世军运营的新教徒机构。然后他补充道："我们会联系你的。"

整整三天，他们一直在试探我的口风紧不紧。一个同样住在青年人旅馆的医学生几乎每天晚上都来找我。他十分友善，或者说过分友善了……他问了我很多个人问题，比如回忆、家庭。我很自然地用一套官方答案来回答。我叫朱利安·凯勒，是一名染匠，父母都是里昂的农民。其他啥也不说。到了第四天晚上，他和企鹅一起来了，他俩把我带到莫贝广场边上的一家旅馆里，那里已经有两个人——"长颈鹿"和"苍鹭"在标间里等着了，两人都在二十五岁左右，自我介绍用的都是犹太童子军时的名字。他们没有问我任何问题，与之相反，他们聊了很多关于我的事情。从他们的谈话中我明白，他们已经调查过我了，了解了我的一切——甚至连我母亲去世这件事都知道。

长颈鹿让我坐在桌前，在我面前放了一张空白的身份证，还有一张纸，上面写了所有需要填到证件上的信息。我要做的就是小心地模仿出每一个细节，跟市长办公室里的小职员的笔迹一样就好——他们顶多也就上过小学。这项入门级别的操作谁都能完成——但不知为何我却极度紧张。这是我第一次伪造证件。我永远忘不了在那间昏暗的屋子里，桌上因为燃着一盏小灯而散发出木头的气味，笔和墨水都已经摆好，企鹅、苍鹭和长颈鹿就站在我的身后，越过我的肩膀安静地看着。我用一个地地道道的法国名字签好字，然后递给他们看。我越过了第一道坎儿，却丝毫没有意识到，我已经迈出了漫长的伪造者生涯的第一步。

# 4

1944 年 3 月。走路绕过皇宫之后，我气喘吁吁地赶到了蒙庞西耶酒店。因为不再坐地铁，我早已习惯了不知疲倦地步行。我跟前台说找兰伯特先生。一位看不出年纪的女士给了我一个二楼的房间号。从得知这次会面起，我就一直被一种怀疑折磨着；等到现在上楼去找那个叫兰伯特的人时，我的疑心就更重了。如果这是陷阱，我肯定逃不掉。

在战争时期，怀疑一切是一个人存活下来的关键。想到这儿，我扫了一眼走廊，迅速分析并记下了所有可能的逃生路线以应对突发状况。我现在在二楼，这里有一部电梯、一个楼梯和一扇临街的窗户。如果要逃跑，最好的办法是从窗户跳下去，最坏的结果也不过是扭伤脚踝。窗户没锁，我现在把窗户打开也没人知道。窗外的天空仿佛要把整个城市都吞入黑暗的暮色中。我最后看了眼手表，五点整，会面的时间到了。

下午早些时候，水獭来到我们的实验室。他刚和阿尔伯特·艾克伯格见完面，后者接替雅克·普尔维特成了第六部的负责人。

他要我带着一包空白遣散卡，去蒙庞西耶酒店找一个我从没听说过的兰伯特先生。我很惊讶他竟然没亲自去——毕竟这是他的工作。而且一般我的男性联系人用的都是他们在犹太童子军时的名字，再加上一想到要去酒店和一个陌生男子见面，我就本能地感到慌乱，于是我提出了抗议：

"为什么你不自己去？"

"他只想见你。"

为什么这个人只想见我？我不知道。可能我表现得太焦虑，水獭为了让我放心，说："别担心，他绝对是自己人。"

他说完这句就把头埋进笔记本里，我就只好拿起卡片离开了。所以你明白吧，当时就是那样，不会有多余的对话，毕竟命令不容置疑。

十八号房间。我敲了敲门，一个温柔而低沉的声音让我进来。随后，我发现自己置身于一间中产阶级装修风格的酒店套房起居室里。在我面前的是一个三十岁左右的男人，一副知识分子的模样，鼻梁上架着一副玳瑁眼镜。"兰伯特先生？"我问道。

当看到他因近视而迷茫的眼神中和我一样充满了不信任时，我终于平静了些。如果面前这个人也害怕我，就说明他不是来抓我的。

他的表情逐渐放松下来，直到终于不再拘束——可能是因为我体格弱小没有威胁力，或者仅仅是因为我的外表看起来和他所了解的一样。

"莫里斯·卡修。"他握着我的手友善地说。

一句话打消了我所有的疑虑。卡修，我知道这个名字，而且我十分确定他是我们自己人，因为他负责整个南方联合抵抗运动的证件伪造工作。我曾多次听人提到过他，但从未亲眼见过。事实上，我知道他人一直在尼斯，我们曾在信里讨论过不少技术性的问题。水獭常常让我记下自己的最新发现，好寄给其他几个伪造证件的实验室，其中最重要的两个就分别在格勒诺布尔和尼斯。我也听到过一些传言称，卡修在刚成立的国家解放运动里负责管控全国范围内的证件伪造工作，整合所有资源。从某种角度来说，他是我在抵抗组织内部的最高领导。这种不通过中间人的直接会面，而且还是他提出的要求，可以说是一件大事了。就是在这一刻，我意识到自己已经是一个重要角色了。

卡修邀请我在矮小的桌子旁的一张扶手椅上坐下。我装作漫不经心的样子，想表现得尽量随意些。正当我试着放松时，我看见从卧室半开的门缝里伸出一颗脑袋。他扫了我们一眼就消失了，也没介绍自己。一瞬间我只看到了一个轮廓。从宽阔的肩膀来看，那一定是卡修的贴身护卫。回到客厅，卡修直接说了他找我来的原因。

"我听说了许多关于你的事情，还有你的技能。"他说。

我感觉有点尴尬，不知是该谦虚还是该骄傲。我结结巴巴地说自己只是把学到的化学和染色知识运用到实际中而已。

"你知道有一种隐形墨水能够用来通信吗？"

对于伪造者来说这是个可笑的问题。我当然知道，而且不止一种，我知道好几种。毫无疑问他自己也懂得很多，之所以这么问一定是为了考我。于是我也十分配合，迅速在纸上写下了隐形墨水的六种配方。这时，之前我曾瞥到过的那个魁梧的男人走进房间，靠在离我们稍远一些的墙边。我专注于写配方，都没太注意他，但那人昂首挺胸的姿态和坚定有力的步伐又确实让我感觉似曾相识。他身上的贵族气派使他看上去并不像是一个护卫，对我来说，他颇有教养的举止里似乎又掺杂了太多傲慢。我钦佩他的优雅，却一点也不喜欢他上下打量我的样子。

我弯着腰继续专注地写着配方，感觉到他正默默靠近。当我抬起头时，他也刚好弯腰低头，离我很近。

"你叫什么名字？"他以不容置疑的语气问道。

"朱利安。"

"好，那姓呢？"

"凯勒。"

几秒钟过去了，我继续写着我的墨水配方，同时感觉到他依然在用审视的目光盯着我，简直让我无法忍受。他甚至再次向我靠近，我们的鼻子几乎都要挨着了。他盯着我来回看，我敢保证如果有放大镜的话他肯定已经拿过来用了。正当我写完要站起身时，他突然喊了一声："阿道夫？！"

我几乎都要犯心脏病了。除了实验室里的人，其他人不可能知道我的真名。

"阿道夫·卡明斯基。"他继续说道，满脸震惊，"德朗西！"

我睁大眼睛盯着这个怪人，最后，终于认出了他："欧内斯特·阿彭策勒！"

"真没想到！"他大声喊道，同时拍着桌子，"原来那个'专家'是你！"

欧内斯特，我怎么会认不出他呢？不过这确实是个惊喜！欧内斯特，那个"受了割礼但不是犹太人"的年轻人，已经把在德朗西时身上穿的破布换成了一套新西装，这完美的变形看得我目瞪口呆。我站在那里，一句话也说不出来，只是从头到脚看着他；而他则晃动着他魁梧的身体，一直在重复着同一句话，像是被划破了的唱片："真没想到，真没想到！"

在德朗西的三个月里，只有我和家人被释放了。欧内斯特在我们走后也一直否认自己是犹太人，但也只能靠巧舌如簧和孩子气的帅气长相来为自己作证。我们根本想不到之后还能见面。

"你在第六部？"

"是的。你呢，在国家解放运动？"

"不，我在复国主义青年运动，隶属犹太战斗组织。"他声音里带着自豪。

"战斗"是欧内斯特最喜欢的词。现在我终于想起在德朗西时他每次对我说的话了："如果我是犹太人，那我一定是个复国主义者。""如果我是犹太人，我一定会拿起武器，和马基斯并肩战斗。"我还记得他对那些安静接受现实、佩戴星标的人还有那些温顺地去市政厅登记的人所表现出来的不屑。他们以为这种顺从能保证自己活下来。这不正是父亲和我曾做过的事吗？欧内斯特曾说过，为何犹太人自古以来就饱受迫害？其实这很好理解，因为顺从的态度、屈服的本能和对战斗的厌恶，他们成了最理想的受害者。欧内斯特的手指轻点几下，从抽屉里拿出了一封带有纳粹德国政府抬头的文件，嘴角噙着一丝调皮的笑意："我在德朗西真的骗到你了，是吗？那些人也是，那些科学委员会的蠢货。还有布伦纳，你真该看看我把这份文件拿给他时他脸上的表情。看。"

他递给我一封科学委员会寄来的信，上面有著名的蒙坦顿教授的亲笔签名：雅利安血统证明。上面显示，在经过一番详尽的测试后，欧内斯特完全符合雅利安血统的所有特征，当然，除了缺少包皮之外——因为过长而被切除了。是的，他真的骗到我了。我和其他人一样，都相信了他关于手术的谎言。不过最难以置信的是，为了给委员会审查，他必须得附上自己的出生证明和洗礼证明。而我正是第六部实验室里做这两项证明的人，当时也并不知道这些是给谁的！我们有这么多话要对彼此说，从现在起，我们两个人便被一种莫名的事物绑在了一起。和我一样，欧内斯特也在德朗西见过几千个剃了头的囚犯，在夜晚听见过他们的呻吟。这让我们之间的关系变得无比亲密。

我这才知道，欧内斯特不仅是犹太人，还是一个奥地利拉比 [1]

---

[1] 拉比（Rabbi），是犹太人中的一个特别阶层，指接受过正规犹太教育，系统学习过《塔纳赫》《塔木德》等犹太教经典，担任犹太人社团或犹太教教会精神领袖，或在犹太经学院中传授犹太教教义的人，既是老师，同时也是智者。——编注

的儿子，他从十三岁起就从事地下运动了，是抵抗组织的一名战士。一开始，他是个年轻的神枪手，以极度冷酷而闻名，随后他很快得到晋升，现在负责执行针对纳粹的袭击任务。作为法国的精英特工之一，他随后带领一队枪手，组织并监督他们执行暗杀任务。欧内斯特——一名属于抵抗组织的"杀手"，同样也是让告密者闭嘴的专家。"你只需要消灭一到两个人就行了。"他一边跟我说，一边模拟着手枪开火，"其他人如果不想一样被干掉的话，就都会保密。"

欧内斯特爽朗的笑声渐渐消失，卡修在一旁看着我俩愉快的重聚有点目瞪口呆，我们早把隐形墨水的事忘了。随后我们继续谈起了正事，这不是欧内斯特擅长的领域。在最初见面的惊喜过后，他沉默地坐在那里，以一种虔诚的姿态用烟斗抽着烟，并把嘴张成"O"形吐出一个个小小的烟圈。在豪华舒适的酒店套房里，卡修抛给了我一堆技术问题："你知道如何制作印花水印吗？凸版印章呢？如何在不影响老旧纸张颜色的情况下消除文件上的墨迹？如何把新纸做旧？……"

我肯定地回答了他所有的问题——虽然有些我也不完全清楚该怎么做，但我认为没有办不到的事。我告诉自己，只要好好琢磨总能想出解决办法。事实证明，我每次都能搞定。

我很好奇这些问题背后的含义，我能感觉到，它们只是另外一个更加复杂的要求的前奏而已。果然，没过多久，卡修突然停了下来，他把双手合十放在嘴唇前面，仿佛在沉思着什么。

"我们在巴黎负责照相凸版印刷的人出了点问题。之前他工作毫不拖延，但最近似乎放慢了制作速度。现在他告诉我们，他已经将生产暂停——因为担心自己的员工可能在监视他。这对于抵抗组织来说是一次重大打击……你，万事通，你能建一个照相凸版印刷坊吗？"

我对照相凸版印刷一无所知，但我知道自己学得很快，所以我说"好"——就和回答他之前抛出的所有问题一样。不过我有一个条件：必须得接受一次短暂的培训，和专业凸版印刷师当面提问学习。

"我的助手热内·波尔斯基都会替你安排好的。"

会面结束时，我带着印制一批遣散卡的订单离开了——和往常一样紧急——而且，我还得建一个照相凸版印刷坊。卡修可以满意地回尼斯了。几个月后他终于在巴黎永久定居，而在那之前，他都将往返于巴黎和尼斯之间，也就是说这期间我们见了很多次面。

回家的路上，我去河堤上想找一本关于照相凸版印刷的书。在一个冻得瑟瑟发抖的书商的货摊儿上，我找到了 L. P. 克莱克（L. P. Clerc）的两卷本《摄影技术理论与实践》（*Photography Theory and Practice*）——这成了我随后几天里的床头读物。

第二天，我敲开了古马德先生位于圣丹尼斯路的照相凸版印刷坊的门。

"去我办公室吧，那里安静点。"这个很瘦、看起来很严厉的小个子男人小声说道。我猜他应该在五十岁左右。

我们穿过整个屋子，这里十多个工人正在一些巨大的机器旁忙碌着。这是一座名副其实的工厂：有一个大工作台，上面有弧光灯、腐蚀盘、雕刻槽、搅拌桶和油墨滚筒。如果这才是照相凸版印刷坊的话，那我有可能完成不了卡修的请求了。

古马德领我进了一间没有窗户的办公室，随手给门上了两道锁。"我不信任这些工人。"他小声抱怨道，"哼！为了多拿一小块面包，就能把灵魂出卖给那些德国佬。好的……那个……你想当一名照相凸版印刷师对吧？其实你不一定要做得像我一样，跟你说吧，我就在艾司田学院[1]教书。我的学生要先学习三年，然后再当三年的学徒。但是我告诉你，如果你不继续在这行干上十年，那么你还是什么也不懂。所以，如果你有十六年时间——要真有的话，我可能会被吓到——你还是有可能成为一名照相凸版印刷师的。注意，我说的是'有可能'。"

"不用很专业，我只是想……好吧，就是……学一点东西，比如做一些橡皮图章什么的。"

"我已经说过我不会再帮忙，太危险了。我确定这些工人都在盯着我，有时候我晚上工作时还能看见机器上留下的一些痕迹。哪里都有叛徒。你是属于哪个组织的，凯勒？"

"国家解放运动。"

"我本来是在平民和军人组织[2]，后来他们转投社会主义者，

---

[1] 艾司田学院（École Estienne），巴黎高等艺术暨印刷工业学院。——编注

[2] 平民和军人组织（Organisation civile et militaire，缩写为OCM），是法国占领区的抵抗组织之一。——译注

我就加入了国家解放运动。社会主义者，嗯……既然我们都在里面了，他们为什么不和犹太人联合呢？"

当说到"犹太人"时，古马德先生是假装在地上吐了一口痰吗？我感觉是的。我终于意识到为什么卡修让我在自我介绍时说是来自国家解放运动而不是第六部了。

"不过现在也都结束了。就像我所说的，我不会再帮任何人了。"他不等我回应便继续说道。

"这样的话，抱歉浪费你的时间了，古马德先生。我现在就走……"他打断了我："我答应帮你。这是因为，热内告诉我，你就是那个找出了处理华特曼墨水的方法的人。太厉害了！我们这儿有很多人绞尽脑汁都找不到去除这种墨水的方法。乳酸！我自己也做过一些化学实验，但是没找到。你很了不起，真的，凯勒。我们可不能让这群浑蛋把我们国家变成德国的一个省！"

我很想往他脸上吐口水，好让他知道我对他的态度，然后转身摔门走掉。但我太需要这次培训了，我别无选择。

幸运的是，在古马德那儿的培训比我预想中进展得要快。而且我必须得说，对于此次经历我毫不后悔——我从没想过能在这么短的时间内学到这么多的东西。但同时我也觉得是古马德的仇外和令人恶心的行为让我超水平发挥，好能尽快摆脱他。他憎恶所有人——犹太人、英国人、有色人种，不过他最讨厌的还是德国佬。

我还记得我们最后一次对话时他说的话："我，种族主义者？

哈！当然不是。我喜欢待在波兰的波兰人，待在土耳其的土耳其人。至于犹太人，如果他们能找到一个国家的话，呃……越远越好。"

古马德丝毫没有意识到自己提出了一个犹太复国主义的想法，这让我感到很好笑。有一次，我甚至提到了同性恋的问题，好奇古马德会不会为他们在遥远的地方再想象一个国度。

"哼！和一群疯子一起！"他不屑地说。

不，真的，我并没有在想念古马德。

每次见面卡修都不让我有一刻安宁，我做得越多，他要求得也越多。甚至有次还让我做一些警官证。当然，我的回答也永远都是"没问题"。不管多疲惫、身体会不会垮，完成交付的任务是我唯一的执念。

1944 年 6 月，我已经整整三个月没有见过外面的阳光了。照相凸版印刷坊在我公寓的顶层，我唯一能够出门的机会就是去圣佩雷斯街。我只能从第六部实验室的窗外看到夏天的到来。这似乎是个炎热的夏天。我们四个人挤在这小小的顶层阁楼里都要窒息了，这里还到处弥漫着化学制品的有毒臭气。所以那天我很高兴能出门去见欧内斯特，让我的肺能在太阳高照时呼吸到外面的新鲜空气。听着风从枝繁叶茂的树木中间吹过，我感受到了许久不曾有过的自由。巴黎似乎又活了过来，全世界都好像恢复了正常。女孩们骑车从我身边经过，她们用手扶住帽子以免被风吹走。我听见从街角传来孩子们的笑声，一个班的男学生分成两列正肩并肩走过，旁边有一个看上去很威严的老师在目不转睛地看着他们。

如果不是坐在加速驶向远方的敞篷车里的人穿着纳粹制服，你可能会以为这就是六月里普普通通的一天。

我匆匆赶往巴黎圣母院，欧内斯特可能已经在那儿等我了。我猜卡修肯定又有件不可能完成的新任务来让我尽快搞定。自那次在蒙庞西耶酒店碰头后，我们又秘密会面了很多次，一般交换完文件就走，从来不聊天，只有简单的动作。不过这一次，欧内斯特没提到需要伪造证件。

"跟我来，我有件紧急的事情要告诉你。"他一看到我就说道。

我们沿着塞纳河的堤岸一直走。

"是这样的，"他说，"马上就会出现一个犹太军团了。想想吧，阿道夫，所有的犹太抵抗组织同心协力。你们，犹太童子军和第六部；我们，犹太复国主义青年运动和犹太部队。如果我们把所有人都集合到一起，力量会更大。"

"但我们已经团结在一起了。我们在一起工作。"

"对，但这次我们是要合并，让人们知道犹太抵抗组织已经联合起来。马基斯里的不少人，只要等到信号，就会集结在犹太军团下面。"

一个被过分吹捧的犹太军团。欧内斯特梦想这一刻已经很久。自从战争打响，他就和其他很多人一样，开始想象这样一支能把所有犹太志愿者联合起来的军队，仿佛这支军队的存在本身就足以向全世界证明：犹太人知道如何保护自己、如何去战斗，最重要的是，如何获得胜利。

"我正和一个伦敦的线人联系。在他的帮助下，我们已经收到了一些武器。"他继续说，"更多的还在路上。他希望我们拟一个组织清单，以及参战人员的数量……这样也能让他们知道我们有很多人，互相间的联系也会更紧密。你给我实验室的地址，还有和你一起工作的人的名单吧。"

"名单和地址——你彻底疯了吗？我才不会给你实验室的地址和任何一个人的名字呢。"

"你不信任我们，是吗？"

"我很信任你——只要你不列什么清单。这个向你提供武器的人是谁？你怎么能确定这不是一个陷阱？"

"不存在任何陷阱，一切都很安全。是伦敦那边派他来的，我们已经调查过他了，没有问题。"

"他叫什么名字？"

"查尔斯·柏雷尔。如果你想调查请自便，但你觉得卡修会随随便便地信任一个人吗？"

"卡修相信他？"

"是的。所以？"

"别指望我。"

我看见欧内斯特健壮的身体绷紧了。他有些恼怒，转过身去走了几步。大风吹得他雨衣衣角疯狂摆动，哪怕只是站在他身后，我也知道他有多生气。当他转过来看着我时，蓝色的眼睛变得十分晦暗。他给了我一个异常狠厉的眼神，简直能吓退三军。但是我之前都没有怕过布伦纳，这次自然也不会在欧内斯特面前退缩。

"你这个懦夫。"他把这句话甩到我脸上，"你在害怕，害怕去战斗。"显然，欧内斯特在期待我的回应。但我无动于衷，没有给他地址，也没给他哪怕一点点信息。我平静地承受着他冰冷的目光，直到他转身离开，连再见也没说。我看着他走远，当他的轮廓逐渐消失，成为远处一个点时，我知道自己已经失去了一个最亲密的朋友。

回家的路上我如鲠在喉。我是对的吗？我们和伦敦之间的问题就在于，所有事情都难以核实。谁在跟谁联络？我们永远都不知道。不过如果卡修很有信心，那就说明这项行动很安全，但我还是满心疑虑。等我回来时，水獭也有所察觉，于是我向他解释了一切。

"但愿你什么也没说。"

"对，我一个字也没说。"

"很好。下次第六部的会议上我会提一下这件事，看看其他人怎么想。"

"不过你怎么想呢？"

"和你一样。实验室的安全高于一切。"

水獭去第六部开会时，他不是唯一一个提到这件事的人，另外几个负责人也听说了。每个人都在谈论这个给犹太军团提供武器的新渠道。但最终会议决定，第六部不参与。即使这会让其他人觉得我们是懦夫，但我们并不是。

接下来的这个月，从德朗西传来了可怕的消息。遣送仍在继续，一趟接一趟，甚至越来越多。庞大的数字几乎快要把我逼疯。

令人震惊的噩耗和悲伤，和夏天一起向我迎面袭来。

同时，实验室里的一切也不合我的心意。我那凑合用的设备给凸版印刷带来了很多问题。搞砸的证件一个接一个，我必须得回去调整，还得保持冷静不能泄气。偶尔我们会因为时间不够而没能完成任务，就只能牺牲掉名单上的最后几个人。这让我有点承受不了。再加上整个人精疲力竭，我越来越担心会因精神不集中而导致更多的错误，也因此变得更加紧张、偏执。

在外面我总感觉自己被跟踪了，预感到厄运即将降临。在去第六部实验室之前，我会在街区里来回走好几趟，确认路过的每个人都不是警察或间谍——那个二手书商总是一副鬼鬼祟祟的样子，还有那个肉贩和面包师也是；坐在长椅上的情侣真的不是在偷偷观察我才假装接吻的吗？如果心中仍有疑虑，我就会换一条路线。这样太累了！至于健康，由于连续的熬夜和营养不良，我的身体变得很差，又瘦又虚弱，还常常眩晕。但我最担心的是右眼：它一直在不停地流泪，就连晚上也是。每天早上起来，我得花至少半小时，在不扯掉眼睫毛的情况下把我的眼皮撕开。虽然我确定自己右眼的视力正变得越来越差，但我没时间去看医生。相信我，对于一个伪造者来说，失去一只眼睛绝对是最可怕的事情。

七月的最后一周，有一天水獭冲进屋子，带回来几个很可怕的消息。这给了我沉重一击：所有犹太复国主义青年运动和犹太部队的核心人物都被盖世太保抓了，一同被捕的还有荷兰分部和游击队、移民工人组织的一些负责人，卡修和欧内斯特也在里面。他们在一次集体会面中被抓，而安排这次会面的人，正是一个月前导致我和欧内斯特不和的那个所谓的伦敦联系人。我的预感是对的！我牺牲了和欧内斯特的友谊，但至少拯救了第六部实验室。那个自称属于英国情报部门的叫查尔斯·柏雷尔的人，实际上是一个德国阿勃维尔[1]特工。同伴们陷入了对方的陷阱，他们一到见面地点就立即被捕了。我简直不敢相信……

这是一场双重的灾难。一方面，犹太战斗组织的每一个分支都受到了影响——除了第六部。失去了主要领袖之后组织还能正常运转吗？也许吧。我们希望是能——至少马基斯的战士们还在继续奋斗。他们的组织结构很好，能够维持自治的局面。但这能撑多久呢？

而在精神层面：欧内斯特，尤其是卡修的被捕，对我造成了深重的打击。我本以为卡修是绝对安全的。

"快走吧，所有人，出去躲起来！"水獭命令的语气里有一丝停顿，暴露了他的忧心如焚。

我看到他一脸惨白，问道："你没把实验室地址给任何人吧？"

"没有，你呢？"

"当然也没有。"

---

[1] 阿勃维尔（Abwehr），是前德国军事情报机构，存在于 1921 年至 1944 年。"Abwehr"在德语里是"防御"的意思。——译注

"不过也没人能确定。我们最好先等上三天，这样更稳妥些。"

我迅速把几个橡皮印章、文件和一些化学制品塞进公文包，以防回来时发现这里也暴露了。至于放在我公寓楼里的那些凸版印刷机器，现在也没必要去取了。事实上，最好是再也别回去了，如果我已经被人跟踪的话，我在那里的伪装肯定也早已被识破。正当我们要离开的时候，刚刚欲言又止的水獭突然严肃地说："除此之外，卡修已经被折磨至死。"

卡修被折磨至死。

我们听说了很多关于这次抓捕的细节。弗莱斯纳监狱和其他所有监狱一样，里面有我们的耳目和支持者。我听说他们被轮番殴打，经历了无数折磨。卡修成了替罪羊，受到了"最可怕的羞辱"——这是他们的用词。关于他所遭受的折磨的细节就是这些，剩下的只能靠自己想象。"羞辱"，这个词隐含了多么可怕的遭遇！

我们得知了他死亡过程的细节。当盖世太保把他交给阿勃维尔时，卡修的情况已经非常糟糕——他们都没法收下他。他其实已经快死了，对他们而言也没任何用处了，所以盖世太保直接在其他人的注视下结果了他。他们把他丢在阳台的栏杆上。卡修从五楼掉了下去，就这样死了，而我却花了很长一段时间来消化这个画面。

至于其他人，他们正在弗莱斯纳监狱的死囚区里等待死亡。我仍然相信，哪怕是严刑拷打，也不会有一个人招供。这样整个组织就不会因此而毁灭。

"在这里，同样的时间，三天后见。"我们分开前这样约定。而且为了避免再次回来时被愧疚感所摧毁，最好别去想实验室停工三天的后果。

我兜里还有些钱，足够找个地方藏起来。我选择了莱绍德路的一家学生小旅馆。因为我没带行李，为了避免前台起疑心，我只订了一个晚上的房间，打算之后再延长。虽然不能回实验室，但并不代表组织不再运转。为保持联系，我们约定了一个简单的流程：每天上午十一点，联系人都会在这片区域的一个十字路口等我们——周一在索邦神学院外面，周二在巴黎圣母院，等等。如果我不想让伪造证件的交付在这三天里完全停滞，就绝对不能错过第二天的会面。我一搬进新房间，就马上拉下窗帘，打开我的公文包，里面只装了一些必需品：身份证、遣散证明、定量供应卡、空白的出生证和受洗证、印章和所有颜色的墨水。这些已经足够让我开工了，只是进度会慢一些。

第二天，企鹅在索邦神学院门口等我。他看见我就松了一口气，似乎是怕我不出现。我们这次聊得稍微久了些。对于这次同伴被抓，他也备感震惊，同时十分担心我的精神状态。

作为当初把我招进来的人，我当时年龄最小，企鹅总觉得自己有义务像个父亲一样关怀和保护我，即使是在远方，他也要确认我没出什么事。开口之前，他先长长地叹了一口气。"听着，我知道实验室得关一阵子了。但如果拿不到证件，我什么都做不了。你知道我下周还得救那些孩子出来，有两组，每组三十人。我们的处境真是太难了。"

"我准备好证件了。"

"什么？"

"我这次过来就是为了给你送证件。这些都是我昨晚做的。"

"难以置信！"

我们交换了公文包。他拿走了满的那个，我带回了空的那个。

三天之后的同一时间，我重新回到圣佩雷斯街的实验室。从莱绍德路过来这一路都没有人跟踪我。当我打开门时，苏西和赫塔已经在这儿了，持守着岗位。实验室虽然没被发现，但我们进度上已经落下很多。

我们刚开始工作，水獭就开门冲了进来，他脸色惨白："企鹅和孩子们被抓了！"

与此同时，我们听说一组"危险的恐怖分子"被特意从监狱送到了德朗西。布伦纳一分钟也没耽搁就把他们都关进了集中营的地下室，严密监控起来。

这里的囚犯都对他们的到来感到同情：只见来人一身破布，瘦削的脸庞上满是被折磨的痕迹。我们听说一共有差不多三十个人。这些布伦纳口中的恐怖分子会是谁呢？没过多久我们就搞清楚了，他们是我们的同伴：欧内斯特以及那些和卡修一起被捕的人。

**"他们为什么会被送去德朗西？"**

很简单，盟军正日益迫近首都，纳粹的日子很难过，所以布伦纳也变得愈加狂热。比起让这个监狱系统自己运作，他更喜欢亲自来操控。如果他们战败了，他也不会空着手回德国——他会给他的元首带回去三十个犹太抵抗运动里最积极的成员。我朋友们的悲惨命运已成定局，他们会乘下一班遣送列车去往佩奇波伊。

"企鹅呢？"

我后来发现，企鹅和他带着的那三十个孩子一起被送往了奥斯威辛。最终没有一个人幸存。

5

1945 年夏天，距离曾经被打断的生活再次被接续起来，已经过去了将近一年。但战争还在继续，我也还是一名伪造者。

自从去年巴黎解放后，为了待在战斗区，我自愿参军做了一个担架员。无论通过哪种方式，我都希望能继续工作，好让战争结束得早一点——不过最好是以非武装的方式。

军队的秘密部门正在为他们的情报员寻找伪造者。这些人跳伞去到敌军后方，想要赶在纳粹销毁所有残暴罪行的证据之前，搞清楚那些不为人知的集中营的位置——尤其是那些做活体实验的集中营。肯定是有人提过我的名字。一天，两个人来到了我驻扎的营房。其中一位是陆军中校波姆·巴雷尔，他是证件联络中心以及研究调查总署的负责人（或可称为法国军方的反间谍部门）。和他一起来的是任务处长少校麦列特。我立刻在研究调查总署领了职位。我们部门隶属于战犯和流放犯处置部，部长是一位眼神冷淡、还不到三十岁的年轻士兵弗朗索瓦·密特朗。很快，我升到了少尉军衔，搬到了星形广场附近的杜瓦西酒店住，证件联络中心有一整层楼供我使用，他们甚至还给我配了车和司机，而这一切开销都由军方来出。我成了一名官方伪造者，拥有了一个新的身份，甚至可以说很有职业前景。出于情报机构的保密需要，在工作中我必须用双重身份。我保留了在抵抗组织时的名字：朱利安·阿道夫·凯勒，而在其他所有人面前——家人、朋友、第六部的老同事——我的身份是职员，一个普通的在部里工作的文员。

　　一直到轴心国投降和解放集中营的这一年，我都在伪造德国证件。我一来，他们就给了我一堆德国证件的模板，有旅行证、火车票、身份证、护照、军官证。有时我还得给在德国工作的外国人做证件，好让那些不会说德语的情报人员能免除强制劳役。考虑到要伪造证件的紧急程度和数量，我再次承受了巨大的压力。这项工作需要和从前一样细致，伪造出来的证件也绝不能被识破。我之前从没伪造过德国身份证，面前这张证件的一切特征都是全新的，上面的水印既有透明的也有不透明的，纸张的硬度、重量和着色技巧都不一样。当然，与之前相比，现在我有更多的技术工具可供使用，我还可以买高性能的装备，但我还得做一堆实验并充分发挥我的聪明才智。

　　我从第六部实验室和之前在雅克布路的公寓里取回了我的所有设备。在杜瓦西酒店与我同一层的另外几个房间里，我建起了暗房、照相凸版印刷室、打印室、一间用来填写证件的办公室、一个用来上色和去色的房间、一个造纸的房间，还有一间屋子专门用来放我的老胜家牌缝纫机——当年父亲用它来给客户做衣服，如今我用它裁切印花税票。为了方便打孔，我直接将它们打印到胶黏纸上，并用注射器的针头代替了缝衣针——因为大小刚好合适。

这天早上不到五点，清晨的第一缕阳光刚刚照进我在杜瓦西酒店的房间。透过窗户，我看到了一片透明的天空中飘着一团形状奇怪、边缘粗糙的薄云。我穿好大衣急忙出了门。就在前一天夜里，六位新的情报人员刚刚到达，接下来的几天我可有的忙了。

那名每天早上都会在酒店门口等我的司机带我去了研究调查总署，并把车停在了他们楼外。少校麦列特正在大门口迎接我，并帮忙打开了大门。他的下巴很方，短黑的头发分梳两边，看起来像是一位美国电影明星。他在研究调查总署的工作主要是训练特工（身体和精神都要培训）从事间谍活动，然后再把他们派去敌后工作。除了他之外——他睡在那里——整个证件联络中心的办公场所在这个时间几乎没有其他人，那栋楼一共有四层，每一层都十分宽敞，长长的走廊两边有很多小办公室。我的那一层在顶楼，所有空间都归我支配——除了一间长年锁着的屋子只有麦列特有钥匙。我随他一起上楼，走进了那扇门。这里的格局像是一套巨大的公寓，有卧室、厨房和淋浴间。除了麦列特和我之外，没人能进来，也无法和里面的人联系。

此刻，早就习惯了睁着一只眼睡觉的情报员们出现在了卧室门口，麦列特将他们一一介绍给我。六个高大魁梧的年轻人，营养良好，是从军队最好的特工里面精挑细选出来的，他们刚刚在郊区的一栋保密的房子里完成了为期两个月的艰苦的军事训练。

随后他们将分为两组被送往德国，每组三人，其中一个人负责主导任务，另外两个人分别是电报员和卧底。

跳伞行动如果想成功，组里的每个成员都得有在这个国家生活的一整套证件：身份证、旅行证、房租收据、图书证、杂货店的小票、公共汽车票或电影票、写有确切出发时间和出发地点的火车票、哮喘病处方单，以及来自母亲或未婚妻的一封已经弄皱了的信，贴了邮票，上面还盖着邮戳。

他们每个人都会将这些东西带在身上，倘若不幸被抓，这些东西会救他们一命。同时这也意味着每个证件都必须单独制作，一点失误都不能有。我有一周的时间来给他们每个人创造一个新的过去，并制作相应的证据，而且要确保这个伪装很适合他们本人：制造一个真假参半的过去，或者从他们真实的生活经历出发创造一个全新的过去。在真正开始伪造证件之前，花上几个小时来和他们聊天是很有必要的。那天我还算幸运，他们中有两个阿尔萨斯人，能讲一口流利的德语，甚至还很了解他们将要跳伞降落的地区。其他几个人就要复杂多了，因为一切都得从头开始。

在这漫长又让人精疲力竭的一天内，会面和聊天就这么一个接一个地进行，没有停顿。每当有新特工在跳伞前来证件联络中心时都是这样。要做的事情太多，以至于你常常会忘记时间，忘记吃饭。当我离开时，夜幕已经降临，所有人都回家了。但当晚还有个特殊的聚会等着我赶过去——和抵抗组织旧日同伴们的重聚。因为工作实在太忙，他们中大部分人我都好久没有见过了。

那天晚上来了许多人，克劳德-伯纳德路的那家廉价小咖啡馆里差不多挤进了三十个人，几乎包括了所有第六部实验室的人：长颈鹿、艾克伯格、苍鹭、水獭、睡莲、苏西、赫塔、卡修的助手热内·波尔斯基等。再次见到大家很开心。睡莲热情地和我打着招呼，递来一杯葡萄酒，然后和我聊起了化学。她打算学这个。我们聊了一会儿，突然，在一片嘈杂声中，我听到了一阵熟悉的笑声，一个非常熟悉的声音从房间里面传来。我仔细一看，你猜我发现了谁？一个高个子、金发、叼着烟嘴，看起来很冷酷的年轻人。不用说，这就是欧内斯特·阿彭策勒，在他身边还有亨利·佛赫里莱斯和雅克·拉撒路，他们三个本来都在布伦纳的最后一趟遣送列车上！我有点蒙，第一反应是杯子里是不是掺了烈酒，这简直太疯狂了，我还以为自己看到了鬼魂！我究竟是见了鬼，还是疯了？这到底是情绪的原因，还是因为大家都在谈论的那个创伤后休克症？其他人呢，他们也能看到这几个人吗？餐厅里的人看上去一点都不惊讶，每个人都在大笑，喝酒，抽烟，聊得天花乱坠。我分开人群朝他们走去，在经过一阵爽朗的笑声，再加上后背上挨了几下之后，他们告诉了我他们是如何逃脱的。他们身边有一些小工具，利用这些工具他们得以透过车厢的窗户看到外面。由于遭到抵抗运动的破坏，火车不得不经常停下来，四天后才到圣昆廷，他们几个就趁着夜色逃回了巴黎，身上只有一点小伤，饥肠辘辘。自从那天拒绝提供实验室的地址后，我就再没见过欧内斯特，不过这件事已经翻篇儿了。数次接近死亡的他，再一次逃脱了布伦纳的魔掌。他还活着，这才是最重要的事情。而且，就像你之后会看到的，我和欧内斯特在另外一场战斗中还并肩完成了几项任务。

关于欧内斯特的事情就先谈到这儿，我们先来聊聊皮埃尔·穆切尼克，人称"丑角"，这次聚会是我第一次见到他。丑角，二十五岁，此前是犹太部队的一名成员，莫里斯·卡修牺牲后就由他来负责尼斯地区伪造证件的工作。尼斯离巴黎很远，战争期间不可能见面，但我们一直通过隐形墨水通信。他金发碧眼，看上去总是很放松。他有语言天赋，身上有种迷人的热情，最关键的是，他掌握了一种特殊的公众演讲技巧——他会看着所有人的眼睛，让人觉得他是在关心每一个人。他深谙应该何时呼吸、于何处停顿的艺术，懂得如何保持悬念，或让听众沉浸在连珠妙语之中。他很会讲笑话，似乎随时随地都能讲一件趣事或一则小说般的故事。他的魅力会让女人们沦陷，但最重要的是他对于自由和平等深信不疑。他一开口我就喜欢上他了。当时是他过来找我，并坚持让我讲讲解放集中营以来我做的事情。当然，我只给他透露了官方版本：军队中尉。他对于我已有工作这件事有点失望，然而没过多久我就知道了原因。

一周后，整个研究调查总署化为一片欢乐的海洋。我们刚刚听说轴心国已经投降，一直保密的特工行动也已取消，突然间，我再也不用做德国证件了。正当我销毁所有证件时，我的上司，上校波姆·巴雷尔来找我谈一项新的紧急任务。和伪造证件无关，这次是一项绘制中南半岛地图的艰巨任务，因为法国当局有可能会派部队去回收殖民地。我没有提出任何反对意见就接受了任务，因为这是命令。但当地图逐渐在我的相机镜头下越堆越高时，我却被来自内心的冲突深深困扰着。我感觉自己正在做的事情是错误的。我一点也不关心和平时代的军事间谍活动，对于有可能参与到这场即将到来的殖民战争中，我感到有点恶心，甚至恐惧。我从未决定要做一个伪造者，更没想过要当兵。过往所做的那些都是因为不得不去做，当时我别无选择。我清楚地知道，做完这些地图后，他们就会要求我给一场在我看来并非正义的战争伪造证件了。而和所有战争一样，这场战争也会有无辜的受害者。我无法遵从那些可能到来的命令，并不是因为我不喜欢，而是因为那违背了我的原则：如果中南半岛发生暴动，那和之前法国人的抵抗运动不是一样的吗？

尽管当时这个词还不存在，但我那时确实是坚定的"反殖民主义者"。第二天我决定，无论领导如何坚持让我留下，我都要辞职。丑角一听说这件事，就马上派人到处找我。几周后，水獭找到了我。我一贫如洗，住在沙朗通路的一间小茅屋里，既没水又没电，试图通过接一些摄影方面的小活儿来让自己活下去，好重建自己的生活。

我见了丑角一次，后来又陆续见了几次。每次他都很激动，而且越来越没有耐心，像是一条通了电的电线一样火花四溅……

丑角试图说服我，解释说他们此次活动的目的只是让集中营幸存者能非法移民到巴勒斯坦。一开始我是拒绝的，不管他说什么"这事关成百上千人的未来"，我都固执地不为所动。战争已经结束了，我不想再做违法的事情。

"是什么让你改主意了？"

为了说服我，丑角安排我和几个美国兵一起去了趟在德国的难民营。那是 1946 年 1 月。我们四个人坐在吉普车里，一个小时前我们刚刚穿越了德国边境，当时有人指了指位于远处泥泞田地中间的一堆低矮的长方形小屋——那是一个巨大的用砖墙围起来的集中营。

突然，在带刺铁丝网的另一侧，我看见好几百个穿条纹囚服的人慢慢向我们走来，面露疑色。在答应来这里之前，我就已经知道可能会看到些什么，也做好了心理准备。但当真正看到一群穿着黑白囚服的人围在带刺铁丝网旁的时候，哪怕只有几分钟，我也不想下车了。

我和其中一个能讲流利法语的人聊了下。他是波兰人，之前是法语老师。他跟我说，他觉得自己到死都无法重新回到自己的国家。他们都这么说。是他们自己国家的政府背叛了他们。只要还在欧洲的土地上，他们就会想起自己所经受的残暴折磨。无论发生什么事都无法改变他们的决心——哪怕这意味着要在这样的集中营里继续等待下去。不管等多少年，哪怕等到腐烂，他们也要等到一张去巴勒斯坦的签证。有一种坚定不移的氛围在这里凝聚。

有很多家庭在此重建——婴儿在出生，大人们领养了不属于自己的孩子——除了死亡，没有什么能将他们分开。这个波兰人一边说着，一边温柔地望向坐在不远处的一个抱着孩子的女人。我意识到这就是他的新家庭。

这次短暂的旅途中最震撼我的，是在回途中发现有一大群野孩子在集中营附近徘徊。

出发前他们答应我说，美国兵会带我去看这里的几个安置营，不过这对于我来说已经足够，我要求他们立刻把我送回巴黎。正当我们掉头时，我看见远处有一些瘦削的身影站在路中间。至少有十五个人，他们似乎是想挡我们的路。等到走近后，到了车灯前我才发现，原来这是一群拿着棍棒的孩子。他们看上去都不到十四岁，有的甚至可能只有六七岁。司机关掉灯光，减慢速度，但没有停下。我一开始并没有搞明白为什么美国兵要举起他们的枪瞄准这些孩子。孩子们看到后立刻退回路边，不过并没有露出一丁点怯色。他们只是留了一条很窄的缝隙供我们通过。正当我从车里看着他们的时候，其中一个孩子一边用拳头疯狂地砸着窗户，一边大声咒骂着一些我听不懂的话。在一个孩子的脸上看到如此深重的仇恨与愤怒，吓得我的血液都凉了。他们再次将吉普车包围。如此一来，即便是要冒着撞伤他们的风险，司机也别无选择，只能加速往前开。车好不容易驶过他们，这群孩子又重新聚在一起，攻击车尾，朝我们丢棍棒和石头，直到吉普车消失在黑暗里。

一个美国兵跟我解释说，他们是集中营里幸存下来的孩子。

重获自由后，反而成了这里的不法之徒，为了寻找食物而袭击附近的农庄和房屋，或者恐吓当地居民。他们的父母已被纳粹杀害，现在只剩下他们自己。他们对所有看起来像是敌人的成年人都表现得极端暴力。我们开车经过一个难民孤儿集中营，成百上千的孩子被强制送到那里。当解放者到达时，当中大部分人已经死了；几个月的时间里他们是靠自己活下来的，不会再相信谁了。我们继续朝前开，几乎每隔十公里就会看到其他"孩子帮"在吉普车路过的时候从路边的水沟里冲出来。

这趟旅行让我再次感受到了解放运动令人震惊的一面——我第一次体会到这种幻灭还是在之前占领部队撤出法国时。我曾经梦想过胜利——那是我用尽所有力气想要抓住的一丝希望，我曾经天真地以为解放能为群体歧视和种族主义画上句号。面对数量庞大的难民，我既困惑又恐惧，没有人知道应该拿这些人怎么办。巴勒斯坦仍然在英国的统治下，英国政府白皮书严格限制移民数量。虽然签证申请量屡破纪录——目前大概有数十万——但情况就这么一拖再拖毫无改观。

一切都陷入了僵局。

我十分同情那些集中营的幸存者，没人想和他们扯上关系。这些孩子也不再相信任何事情，他们需要重新树立对这个世界的信心；这些男人和女人渴望在一片遥远的土地上重新开始生活，不再遭受任何迫害。这一次，他们希望成为自己命运的主人，他们想要移民去巴勒斯坦。他们想去哪儿对我来说没有任何区别——

我不是个犹太复国主义者——但我完全赞成这种观点，即：每个人，尤其是那些饱受迫害、生命处于危险中的人，应该有权利自由地迁徙和穿越边境，由自己来选择这场流亡的终点。

我一回到巴黎就拿起电话打给丑角，随后我便意识到，他也在另一头焦急地等我打来。

# 6

现在是 1947 年 10 月，夜变得越来越长。我把窗户用厚实的黑纸蒙上，好挡住那些来自好奇邻居的目光，这样他们就不会对这里永远亮着的灯起疑心了。"小心谨慎"一直都是我的口头禅。

欧内斯特的订单我早已准备好：他们三个人的护照、驾照和通信员的证件。但另一边，应一位"波尔先生"要求做的巴西集体签证却让我不太满意，一个巨大的印章，要用来让三百个人在港口踏上去往巴勒斯坦的旅途。他们给我的那个模板很难处理，有一面的字母太平，墨水会渗开并留下墨渍。这难道是原版设下的陷阱、故意留下的设计漏洞吗？我是应该修正它，还是干脆别管算了呢？如果我能拿到两个不同的模板——我一直都是这么要求的——就能通过对比知道要修正哪些地方。用显微镜仔细分析了许久之后，我别无他法，只能凭经验行事。我决定减少墨渍，但并不完全去除它们，同时尽量对压扁的字体不做任何改动。我给模板拍了一张底片，并通过加热橡胶做出了一个光镂凸版印刷的模子，这才拿到了印章的试印底片。一般加热普通的印章我会用硫化剂，就是从商店里能买到的常用来补自行车内胎的那种；但这次要对付的是一个比之前大很多的签证章，我只能求助于老办法：用熨斗。虽然从来不熨任何东西，但我手边一直都有最新型的熨斗。我刚买了第一代家用电熨斗。虽然没配恒温器，但对于经常使用熨斗的我来说，只需要把它放在离脸几厘米的地方，我就能知道大概的温度了。冷却后的印章底片会变硬，这时就可以拿来做正片了。然后我会接着去分析原版墨水，再用自己的颜料混合出成分比例一模一样的朱红色。至于色彩的精确度，对我来说并不难。但在用红外线和紫外线分别检验过后，我发现了两处专门设置用来鉴别假证件的陷阱：这种墨水里包含了一种能增加光泽和发出磷光的物质，而且在紫外线下看不出来。说到光泽，我很幸运地在为抵抗组织和研究调查总署工作时就积累了经验——我知道可以通过往颜料中加一些阿拉伯树胶来解决，不过我还需要做些实验来找准合适的量。至于墨水中的磷光现象，有几种物质会根据光速的不同而显现或消失。我需要去寻找、思索和实验。

几小时后，我终于可以察看结果并对比两种印章了。我减少了墨渍，漂亮地处理好了过于平的字母，但这个假印章还是让我不太满意——它相比原版来说有点太过精致、太过完美，反而有点不真实。如果不想被怀疑的话，最好还是重来一遍。

"你当时是在替谁工作？"

从那以后，我便一直为阿利亚贝斯 [1] 工作，这是一个帮助集中营幸存者移民到巴勒斯坦的秘密组织。我身边大多是之前在尼斯工作的成员，他们现在属于哈加纳 [2] 的法国分支。像往常一样，他们也希望我能创造奇迹，创造远远超出一个人正常水平的奇迹。

我从德国回来后，在克莱伯大道一栋看起来像是秘密政府使馆的小楼里，皮埃尔把我介绍给了亚伯拉罕·波隆斯基——他就是那个"波尔先生"。他是犹太部队的创始人，目前南方地区的组织已经全部宣誓效忠这个部队。他个子不高，宽阔的肩膀和身上的领袖气质让人印象深刻。他天生就很适合领导军队，而他身为战争领袖的威严让他得到了一个绰号——"小拿破仑"。

虽然组织内部有严重的政治分歧，但由于是在追求共同的目标，所以我们能够放下分歧，集合所有力量。不过，我和最好的几个同伴还是倾向于认同战前苏联的马克思主义路线：捍卫集体劳动的观念和基布兹 [3] 的形态。我们每个人参与非法移民活动的动机都不尽相同——比如丑角，他最看重的是年轻人的未来，想帮助他们重新融入社会。因此他做的事情就包括：为年轻人创建学习农场和让破碎的家庭重聚。他的一切行为都有社会性的一面，后来这也成了他的使命。其他人——像波尔先生和他的助手——则

---

[1] 阿利亚贝斯（Aliyah Beth）中的"阿利亚"是一个希伯来词，指移居到圣地的犹太人；"贝斯"，即希伯来字母"B"，代表移民组织的隐秘本质。——译注

[2] 哈加纳（Haganah），希伯来语"防卫"的意思，是犹太复国主义军事组织，后来成为以色列国防军。——译注

[3] 基布兹（Kibbutz），希伯来语"团体"的意思，是以色列的一种集体社区。——编注

期望能在巴勒斯坦为犹太人建立一个国家。这也是《贝尔福宣言》[1]里明确要求的，一个所有犹太复国主义者都保有的梦。还有一些人，在抵抗运动过后，顺理成章地投入到帮助幸存者去往巴勒斯坦的工作中。他们已经宣誓效忠犹太部队，只要在政治上达成解决方案，大部分人还是希望能尽快去巴勒斯坦生活。但对于我来说，首要关心的是，是否所有国家的人都有自由迁徙的权利——这可能和我的童年经历有关，或者受家庭的影响。我的父母被迫忍受了多年的流亡生活，我还保留着全家人第一次尝试移民到法国的痛苦记忆。当时我只有五岁，坐了整整一个月的船从布宜诺斯艾利斯来到马赛。刚到没几天我们就被驱逐了，只能躲到土耳其去，希望能在那里取得居留许可。这是一场漫长的等待。整整两年时间，我们都生活在令人绝望的贫穷中。而妹妹的出生则给我们的居留许可申请增加了一道新的障碍。因为不是在阿根廷出生，阿根廷政府拒绝给她阿根廷国籍；又因为她不是在土耳其"怀上的"，所以土耳其政府也不让她入籍，她完全成了非法的存在，而这又让我们没法回到法国。也正是这段时间，我才真正明白了"证件"这个词的含义：这些必不可少的文件能让你合法地从一个国家去到另一个国家。对于我们这样一个一连几十年都处于不间断的流

---

[1] 1917 年 11 月 2 日，英国外交大臣亚瑟·贝尔福宣布"支持犹太复国主义的诉求"，并写信给复国主义的代表说："英王陛下政府赞同在巴勒斯坦建立一个犹太人的民族家园，并将尽力帮助其实现这一目标。但必须清楚，这一目标的实现不可以损害巴勒斯坦现有非犹太团体的公民权和宗教权，也不可以损害其他任何国家的犹太人所享有的各项权利和政治地位。"——编注

亡之中的家庭来说，想要获得它们却无比困难。我之所以拿自己的童年来举例，是因为正是由于那段在土耳其的日子，我才得出了两个最基本的结论——是它们左右了我日后的抵抗生涯，并影响了我人生中的大部分决定——首先是金钱的力量，以及由此造成的不公正；其次是如果没有证件，你哪儿也去不了。

接着之前的说吧。从现在起，我在哈加纳的联系人就是波尔先生、他的助手、丑角，或者欧内斯特——和从前一样，他一直在处理危险任务。对于组织里的大部分特工来说，他们的任务是协调从集中营逃到港口进而上船的行动。集中营分布在德国、奥地利和波兰。由于不可能一次性清空一个集中营，他们会把人员分成三十人的小组，从每个集中营都接一些幸存者到伪装好的卡车里，达到五百人时一艘船就能出发了。阿利亚小组的成员已经秘密渗透到了各个集中营里，和儿童家庭撤离及重聚组织（Service d'évacuation et de regroupement des enfants et familles，简称 SERE）一起配合——这个政府注册组织能为我们提供官方伪装。

我得给这些逃难的人提供伪造的集体签证。一个旅行签证可以给三十到五十人用，有时甚至能给一百人用，而证件上的国籍取决于这组幸存者所说的语言。所有我做的签证上的名字都是假的，纯属虚构。每个人只有在出发前的最后一秒才会被告知各自的假名。当时情况很复杂。英国白皮书始终禁止任何形式的移民，所以我们必须避免引起英国情报机构的任何怀疑——这也是为什么这些移民会被伪装成儿童夏令营或成人旅游团。证件上永远都不会写最终目的地。此外，由于来自同一个地方的成群结队的人很容易被发现，所以我又做了一堆证件，比如火车票、不同国家的离境证明等，好能证明他们确实是从不同地点出发的——尽管那些地点也都是捏造的。

我还得给船上所有的情报员，以及全欧洲逃离行动的组织者伪造证件。为了他们我几乎什么都准备了：驾照、护照、签证——因为他们要开着卡车带难民们穿越各种边界。当然了，还有船上船员的各种证件，以及沿途停靠港口接人时需要用到的各种许可证。大多数情况下，船上乘客的"官方"上船地点都是在一个拉美国家。船只一离开港口开到海上，就会掉头开往巴勒斯坦的海岸。不过我知道，这里面只有很少一部分的船真正到达了巴勒斯坦港口。一般情况下，他们一旦进入英国管辖的巴勒斯坦附近水域，英国战舰就会挡住他们的去路，并把他们押送到塞浦路斯。这是安置非法移民的地方，在这里，他们会再次被关进营房，等待永远不可能到来的签证。但即使是塞浦路斯也比什么都没有强：那里至少不是德国或者波兰，这些集中营幸存者距离自己的梦想之地也更近了。

刚加入这个组织时，受碍于沙朗通路的家不再安全，他们给我提供了一个新的住处：在埃克斯路二号靠近万神殿的地方。我很快在那里搭好了所有设备——就像当初在第六部和情报部门时那样，甚至还将我从抵抗运动时的旧实验室里取回的一些设备做了点改进。如今我有了一个更大、更干净的房间供我使用，有自来水、燃气还有电。他们有一个专门管钱的部门，遇到紧急情况可以找他们弄些资金。不过这不关我的事，我也不太懂。我一直都很讨厌和钱打交道。我只知道丑角成立了两个进出口公司，全都是假的，为了让组织能付给我一点薪水来抵销开支，这也让我能去一些便宜的小咖啡馆，因为我是当时唯一一个没有定量供应卡的人。

然而不管事情在你看来多么不可思议，在做了那么多事，尤其是为军队效力之后，我又一次隐姓埋名起来。他们给我现金，我的名字也不会出现在任何官方名册里。之前离开情报部门时，我曾试着取得自己的身份证明。但我所有的也只不过是一个过时的军队身份证和一个斜对角上盖了"犹太人"章的辖区接收证，连警察也早就不认这种证件了。距离法国解放已经过去了一年，每个人都早早解决好了各自的身份问题，但我还没有。负责询问我的检查员认为我很可疑。"这是非法的。"他说，"如果月底前拿不出阿根廷证件，你就属于非法逗留。"最终我找到了自己的阿根廷证件，但为了获得居住许可，我还得提供永久性的工作证明，可我没有。负责执行驱逐出境的部门在我的证件上盖了个章，我必须在两周内带着所有符合要求的证据和文件回来，否则我将会被送上返回阿根廷的船。

一个简单的辖区章，就将我带回到儿时的记忆里。我小的时候，父母就必须定期准备这些复杂的证件提交给政府，以延长居住许可；我们随时都担心会被再次驱逐，踏上流亡之路。当时，我早已被那些辅助材料弄得精疲力竭：所有那些证明文件和延长居住许可的申请材料。但这次，我将会被驱逐的威胁视为一场侮辱。

最让我愤怒的是，在为解放运动和这个国家的名声付出了这么多之后，我早就将这里视为自己最后的归宿，政府竟然还有权力把我从这里赶走。

另外，我加入阿利亚贝斯时，伪造的第一份证件就是给我自己的——就像之前我加入第六部和研究调查总署时一样，这已经成了一场仪式。重拾伪造者的旧业并不是一个容易的决定。我还记得第一次做假证的经历。毫无疑问，我们当时的行为是合乎道德的，但不合法。但这意味着从此我就要不可挽回地跌进违法的深渊吗？我一直都确保自己的知识和技术只会为了合法的事业服务，也一直确定自己从不会在职业道德和品行上妥协。但又一次，我站在了法外之地。我很好奇：是不是从自己伪造证件的第一天起，我就已经陷入了这个旋涡，从此再也没有能力让自己的人生从中解脱出来？

那天早上，欧内斯特拖着一个巨大的箱子和一个装满武器的大帆布包，来到实验室取他的证件。里面是一挺机关枪、一架斯特恩冲锋枪、一把左轮手枪、大量弹药盒和斯特恩子弹夹、一些塑料炸弹和引爆装置——他希望我能保存这些东西直到他要用为止。用来干吗呢？我从未弄清楚过。欧内斯特还保留着战争年代的傲慢。他工作超级有效率，没人能质疑他的忠诚，但他也一直让人难以捉摸。

我完全不清楚他葫芦里卖的什么药，他似乎总是在同时做好几手准备。不过我们之间已经养成了从不过问各自任务的习惯。

我没有拒绝他的箱子。昨晚我为了解决有关巴西签证的棘手问题一宿没合眼，现在正急着在把东西交给波尔先生之前去吃顿早餐。

我们去咖啡馆简单吃了点东西，他陪我一起去了哈加纳的办公室。在那里，波尔先生分别见了我俩，并下达了新的指令。我带着一个马达加斯加签证离开，还要制作第二天要交给一名船长的包括登船证在内的各种证件。没有任何时间休息。自"出埃及行动"[1]失败后，我的日子一直如此。

"出埃及行动"是哈加纳为阿利亚贝斯组织的、为打破封锁而进行的一次尝试。那艘美国船上第一次运载了数千名集中营幸存者——而非之前的几百名。创纪录的五千名幸存者偷偷来到了法国，在南边的布克港上了船，他们打算不惜一切代价冲破封锁，决不接受被送往塞浦路斯的命运。

当我们听说"出埃及行动"失败，船上的所有人都将被强制装进英国的囚船送回出发地点时，组织里的所有成员和数不清的有心人一起，都急忙赶往布克港这个安静的小镇。我也是其中之一。

这是一个炎热的夏天，空气又热又干。这个突然间被人群淹没的小镇，就像是按下了慢放键一样。我们挤满了沙滩和狭窄的街道，和朋友以及之前做法国犹太童子军时的伙伴们在每一个十字路口相见。我们都在等着船只从远方出现。港口被记者们包围，还有警察。

---

[1] 《出埃及记》(*Exodus*) 出自《圣经》第二卷，讲述了以色列人在先知摩西的引领下逃离埃及人的奴役，历经艰辛走出埃及，前往应许之地迦南的故事。这里将"Exodus"作为运送集中营幸存者出境的行动代号。——编注

所有人都在等待。几天过去了，人们每天都在重复同样的事情：去沙滩，游行，散步，然后一切再从头开始。和待在孤独黑暗的实验室里相比，这简直是一次度假了。我的朋友们都在这儿，正是看着他们在水里和沙滩上放松的样子、健美的身体和晒黑了的肤色，我才意识到，自己是多么不同。我二十一岁了，但还不会游泳，自从八岁时在一次夏令营中去了贝尔克海滩后，我就再没见过海。不过我会开飞机，我在哈加纳时曾接受过飞行员训练。完美复制任何证件，制作炸药，解决所有技术难题——这些我都会，但看着朋友们玩得如此尽兴，我这才意识到自己被剥夺了整整四年的生活。

在沙滩上、咖啡馆和酒店里，我们无时无刻不在交谈：聊着未来的国家——我们希望能像在布克港看到的兄弟会那样，由我们亲手去创造它，把它打造成一个自由和平等的典范，而且，我们已经等不及要去实现它了。直到当时，我对犹太复国主义还没有任何概念，但我慢慢开始相信，犹太人真的可以建成一个国家，在那里，他们不会受到任何迫害。如果犹太人总是从他们所在的地方被赶出去，那就说明，他们可能需要另外一个地方：那里是他们的合法归属地；在那里，法律和民意能够保护每一个人，不分种族、出生地、国籍或信仰。哪怕只是为了治愈犹太人因数百年来所遭受的迫害而留下的创伤，这个国家也必须建立起来。我们之前一直以为"出埃及行动"会是我们获得胜利前的最后一战。但这次事件引发了英、法两国在外交上的摩擦，法国拒绝强迫这些即将成为移民的人下船。这些人在伦敦肯定过得非常不开心。在全欧洲的安置营里，有至少十四万幸存者团结起来开始绝食，上了媒体头条。这一次，公众终于站在了我们这边。我相信，英国终会放行。

我和同伴们随时准备着。我们很坚强，我们会团结在一起。我们能够共同创造历史，以及一些能令人感到欢欣鼓舞并恒久存在的东西。是的，历史确实将在这里发生。

但等到这周结束的时候，我们就必须面对现实了。什么也没发生。目前的局面可能会持续很长一段时间，仍然有不少船只被遣返回来。满怀希望在沙滩上等待的日子过去了。组织那边的新指令如下：同阿利亚贝斯一起，努力让船只的数量翻倍，优先考虑那些经历过遣返折磨的人。对我来说，这意味着两倍的工作量。组织的想法是让塞浦路斯的安置营超员，直到让伦敦那边动摇为止。

我给自己唯一的消遣，就是去参加雅克·拉撒路举办的聚会——人们都叫他雅凯尔上尉。这一次是在他家中举行的晚宴，欧内斯特建议我们一起去。拉撒路之前是一名职业军人，被贝当[1]政府解职后，他创立了马基斯小组，随后又成立了犹太战斗组织。和欧内斯特一样，他是当年逃离了最后一趟死亡列车的人之一。我并不觉得自己是个"老兵"，但我很喜欢参加这些聚会，见见老朋友。他们中的大多数人都在通过各自的方式帮助非法移民，也知道我在给哈加纳工作。

那天晚上欧内斯特开车来接我。和往常一样，他身边站着战

---

[1] 贝当（Pétain，1856—1951），法国陆军元帅、军事家，1940 年 6 月德国侵占巴黎后，以贝当为首的法国政府向德国投降。——编注

友伊西多尔——组织里的另外一名成员。我的火气几乎快要压不住了。我告诉过欧内斯特很多次，除了丑角和他自己，不能让其他人知道实验室的地址。但欧内斯特做事向来随心所欲，比如他那天早上送来的武器，再比如他今天晚上带来的同伴——一天之内给我的打击够多了。长期以来人们都知道我脾气暴躁，我又开始抑制不住怒火了。欧内斯特为了让我放心，安慰我说，他过两天就会来取他的"工具"。

几乎所有人都接受了拉撒路的邀请。长颈鹿的妹妹艾缇，一个动力十足的女人，她之前是第六部的成员，现在加入了一个非常活跃的马克思主义小组。那天晚上，她一直试图和我单独聊天。但每当欧内斯特、丑角或伊西多尔靠近时，她就会避开我们去别的房间。最终，在我准备离开之前，她穿上大衣，从宾客中间走过来，和我一起下了楼。

"你正在做的事情很棒。"我们一起走时她说，"不过你愿意帮助那些真正在和英国人作战的人吗？"

"你指的是……？"

"斯特恩组织。"她轻声回答道。

我听说过这个组织，英国人管他们叫"斯特恩帮"，他们攻击起英国军警来毫不犹豫。这群人希望解放全国，并把他们的极端国家主义同一种"社会革命"意识形态相结合。对于他们来说，巴勒斯坦的阿拉伯人并不是敌人，而是潜在的同盟，能够一同抵抗英帝国主义的奴役统治。但问题是，一直致力于通过外交手段和英国协商的哈加纳，曾经强烈谴责过斯特恩组织的恐怖活动，而且哈加纳会毫不犹豫地将斯特恩恐怖分子移交给英国人绞死。这也是为什么当艾缇看见有其他哈加纳成员在周围时会保持沉默的原因。

她和我一同走回家，直到我最终答应和他们在法国的负责人见一面时，她才放我离开。

几天后，在和四位法国斯特恩组织成员的会面中，艾缇把我介绍给了蒂博尔·罗森博格，外号"伏尔泰"，之前是匈牙利抵抗组织的成员。他个子很高，举止优雅，既有教养又有魅力，热爱古典音乐和文学。他向我解释说，斯特恩组织内部也有很多分歧，他自己就完全不认同那些极端主义者。

然而，他对于哈加纳一边同英国人战斗，一边向他们"提供帮助"——移交斯特恩成员给他们——的行为感到十分厌恶。他解释了自己的态度：用迅速有效的方式，比如暗杀和伏击，把英国人赶出去。斯特恩的大部分成员都被警方通缉，他们需要伪造的证件来自由行动，同时避免被绞死的命运。但这还不是全部。蒂博尔还需要假证件来帮助他所熟识的匈牙利抵抗运动前成员进行非法移民。在长谈了几个小时之后，我们成了朋友。但在有关恐怖主义的部分我们仍有分歧。此外，哪怕是在追求同样的目标，同时给哈加纳和斯特恩组织工作也很有风险。说到底他们仍处于敌对状态。但不管斯特恩组织曾经做过什么，被通缉的组织成员都面临着生命危险，英国人并不会温柔地对待他们，没有任何一个被抓的人逃脱得了绞架。我同意为他建一个实验室来处理紧急需求，直到他们找到另一个伪造者为止。实际上，我心里已经有人选了，一个根本不需要培训，而且我这就要去找的人……

苏西还住在之前的地方，继续在美术学院学习。我毫不费力就找到了她，邀请她吃晚饭。我记得她的脚在餐桌底下轻点着地板，在听我解释为什么不能同时为两边工作时眼睛闪闪发亮。我不可能把自己的工作时间一分为二，而且如果我组织里的任何一个人，欧内斯特或波尔先生，知道了这件事的话，对于斯特恩成员来说可能会是一场灾难。

她打断了我，甚至没等我提出请求便说："我想为斯特恩组织工作！"

从那天起，我早上会先去斯特恩组织在克莱克路的实验室，过一遍苏西遇到的问题，然后再匆忙赶去埃克斯路，同时还得万分小心地确保没人跟踪我。

一切都进行得很顺利。我找到了一种能同时帮助两边而不背叛任何人的方式。直到有一天，斯特恩组织的人要我帮忙做一个延迟生效的发条装置，而我一直坚决反对参与任何恐怖活动。我只能先解释说，不管在哪儿工作，我都既是伪造者，又是技术专家。不管是设计带假按钮的箱子或包，还是制作影像或摄影档案——任何涉及技术难题的事都属于我的专业范畴。通过一番委婉的提问，我终于知道，他们正在计划暗杀英国外交大臣欧内斯特·贝文，此人坚决反对英国军队撤出巴勒斯坦，是公认的英国政府白皮书最坚定的捍卫者。除此之外，据说他还曾发表过大胆的反犹言论。

这件事严重折磨着我的良心，我不想参与谋杀任何人。如果我对一个人的死负有责任，那我还怎么面对镜子里的自己，即使对方是敌人。但如果我拒绝，肯定会有别人来做。这一点我很确定。

"所以你是怎么说的？"

我答应了。我做了一个能引爆炸药把贝文炸成碎片的发条装置。一个叫阿夫纳的人将带着它出发去英格兰，然后把它放在暗杀地点。我之前在克莱克路的实验室里见过阿夫纳几次。他专门负责执行组织里的危险任务，是斯特恩的"欧内斯特"。他最近刚从巴勒斯坦回来，因为劣质伪造护照经历了一次漫长的审问后才得以逃脱。这次他不会再冒险了，他需要一张无懈可击的护照。阿夫纳告诉我，在他的基布兹所在的地方，集体农庄里的人们和周围的贝多因村民生活得非常和睦，出现任何冲突都会由两边派出代表来解决，彼此都非常尊重。我很喜欢这样的画面，这也让我坚定了自己对于那个遥远国度的渴望，那里充满了希望。但很久以后当我再次见到阿夫纳时，他满怀悲伤地向我坦言，因为以色列独立战争的缘故，贝多因人已经彻底被赶走了。

阿夫纳带着爆炸装置离开，执行完任务后又返回了巴勒斯坦。

我们本该在报纸上看到贝文的死，但直到一周后也没有任何消息，贝文不仅活着，还参加了一次内阁会议。阿夫纳很长时间都搞不明白，为什么炸弹没有爆炸。但如果他看过那些说明就应该明白，这个延迟生效的装置被我设计成了永远不会爆炸的装置；

里面的塑料炸药也被我替换成了油灰。不管他是不是我们的敌人，我救了一条人命。从来没人找我聊过炸弹失效的事情。即便现在他们发现是我干的，我也一丁点儿都不会在乎。纯粹从战略的角度来讲，考虑到未来的和解，暗杀绝对不是最好的选择，不管怎样，我们几乎就要迎来外交上的胜利。从一开始，联合国就在两种方案之间徘徊：两个国家——犹太人一个，阿拉伯人一个；在一个国家一起生活。联合国最终选择了建立两个独立国家的方案，这个决议自 1948 年 5 月 14 日起生效——有不少人很熟悉这个日期。与此同时，大不列颠保留了他们对于这块领土的管辖权，但在这两个国家建立起来以后，它必须尽快撤出军队。这与我的期待并不相符，但从某种意义上来讲也算是一场胜利。

依照联合国的决议，根据约定的地域划分，大卫·本－古里安在 1948 年 5 月 14 日正式宣布以色列建国。紧接着在第二天，埃及、约旦和黎巴嫩便攻击了这个才刚刚诞生的国家。也正是那时，组织里的大部分同伴都移民到了巴勒斯坦来帮助建设这个国家。我要给所有朋友制作假护照和签证，他们的照片经由我手装进信封，再送到波尔先生那儿。当看到欧内斯特的照片时，我知道，他不会再回来取那些武器了。至于我自己，我本来打算一完成手头的工作就加入他们，但几个月后，我发现自己已经不想去了。

那里正在发生的战争让我感到沮丧。当一方很快就要迎来胜利，另一方正在哀叹他们的失败时，我依然在想象着那个"混合国家"，苦涩的失望就像拖着铁球的脚镣一样挂在我腿上。我期待的是一个共同的、集体主义的，更重要的是——一个世俗的国家。我受不了这个新成立的国家同时拥护宗教和个人主义，因为那代表了我所讨厌的一切。一个宗教化的国家到头来还是会再次把人分成两种：犹太人和非犹太人。难道对英国人的胜利已经让我们忘记了两年来为之战斗的理想了吗？但仅凭我一人的解释，也没法说服大家——没人能懂我的困惑，我是唯一的无神论者。

"你是说你后悔自己所做的事情吗？"

当然不，我很自豪自己曾协助过几万名集中营幸存者进行非法移民，也同样自豪曾为以色列建国做出了自己的一份贡献，但最后我还是打电话把我不去的决定告诉了波尔先生。我向他解释说，自己更愿意待在一个选择了世俗主义、发布过《人权宣言》的国家——尽管他们并不总是尊重人权。再加上我当时的工作依然是保密的。他对此感到十分愤怒，但我毕竟从来都没有宣誓效忠犹太部队，我不欠他任何东西。所有人都走了，只剩下我。我再也没有见过他们，虽然我知道多年以后他们依然在等着我。

**7**

1961 年 2 月。

"拉罗凯特监狱关押的六名女犯昨晚逃脱，她们都是民族解放阵线支持组织的活跃成员。她们半夜翻过监狱的高墙……"

一周前，我从巴黎国际广播电台播音员带着鼻音的播报里了解到我们的"同伴"——这些女孩儿——从拉罗凯特监狱逃脱的细节。当时我钦佩地笑了出来。这两天有更多的人在谈论她们，什么"那些支持阿尔及利亚人的法国人""那些爪牙""头裹烂布的走卒"，不同的称谓体现了他们对我们的不同态度。警察对我们格外感兴趣，近几个月来一直在行动。一拨又一拨的逮捕，使得让松组织分崩离析 [1]。紧接着亨利·居里埃尔 [2] 入狱，那些跟我一样尚且安然无恙的人着实度过了不少难挨的夜晚。恐惧、兴奋，白天要做的事情太多，而夜晚又太短，你得习惯以每小时疾行一百

---

[1]  让松组织的审判开始于 1960 年 9 月，六位阿尔及利亚人和十七位法国人被指控支持民族解放阵线。——原注

[2]  让松组织解散后，在国家解放运动支持下接管让松组织的共产主义埃及裔犹太人。——编注

英里 [1] 的速度来生活，而且这似乎已经成了常态。

每天早上我都有成堆的订单要做。我的联络员米歇尔·弗克——外号"珍妮特"——会来取走给民族解放阵线法国联盟准备的六个比利时"套装"，里面包含身份证、护照、驾照，还有四个瑞士的，不过我只做完了一半。昨天罗兰·杜马斯意外来访，带来了弗朗西斯·让松的消息。他还在躲着。在他消失的这段时间里，那场引发轰动的审判为他带来了极高的知名度。他现在是全法国头号通缉犯之一。罗兰给我带来了三张让松的照片——为了能继续自由活动，他需要一个法国"套装"。我还有一批没来得及做的西班牙护照，是要给一群被佛朗哥政府警察通缉的巴斯克革命分子的，不过他们得等久一点了。现在最紧急的是帮助这些刚从监狱里逃出来的女犯。

我穿上外套，戴好手套和围巾，把禄来福来相机挂在脖子上。海琳·居埃纳的藏身之处在拉丁区，我可以步行过去。外面风很大，太阳发出只属于冬天的光，低低地散射出红色和橙色的光线，使路人的眼睛都变得闪闪发亮。

这是一栋雅致的老式砖砌公寓楼，进去之后是一个装饰有大理石和镜子的大厅，以及一座超大的、铺有富丽堂皇地毯的旋转楼梯。

我在六楼左手边公寓的门上敲了几声。"噢，约瑟夫！"她大

---

[1]　一英里约等于 1609.34 米。——编注

声喊道，"见到你特别开心！"

"我也很开心。"

"进来吧，进来，先坐下。"

正当我在半圆形起居室里的一把小扶手椅上坐下时，海琳甩了甩头发，摆出一个时尚模特儿的姿势。"约瑟夫，你觉得我的红色头发怎么样？快，说说你的想法。"

她大笑着，走过来坐在了我的旁边。

"啊，你看我们的生活可不无聊。"她继续说道，"看看我们在做的事情！一切都远未结束，根本不像外面传的那样。你知道吗，我们出来后才发现，本该在外面等着接我们的车居然不见了？！"

"我听说了，消息传得很快。可能是因为要避开警察巡逻队，他们才把车开走的。"

"好吧……好在我们顺利逃脱了。后来我们分成两组坐出租车。想象一下，杰奎琳只剩下一只鞋——翻墙时掉了一只——我们所有人的衣衫都破烂不堪，浑身脏兮兮的，要不是大半夜，肯定很显眼！"

海琳大笑了几声后出现了一瞬的安静，她脸上露出若有所思的笑容。她用手指梳理着自己红色的头发，继续说道："去瑞士、比利时或者其他任何地方都行，越快越好。我已经烦透了被困在这儿的生活。"

"确实，这也是我来的原因。你有不同的衣服用来拍照吗？一定不能让它们看上去像是同一天拍摄的。"

她把一堆衣服倒在了地板上，开始在里面翻找，就像刚在阁楼深处发现了一大箱化装道具的孩子一样。

"我知道，我知道，衣服风格得变。我想穿一套体面点的秘书装，穿越边境时用。看看这件衬衫，穿在身上的话会让人以为我是个拘谨的人，这刚好就是我想要的。"

我把书柜移开，露出白色墙壁当背景，在前面放了一把椅子给海琳坐。

"你已经见过其他人了吗？"

"在你之前只见过杰奎琳。"

"她怎么样？"

"像你一样，不是很有耐心。头向右一点。不错。我要在你的证件上写什么职业呢？"

"老师。"

"名字？"

"米歇尔·马里伏，我喜欢这个。"

"下巴抬高——完美。好了，你可以换衣服了。"

拍摄就这样继续进行。等到告别时，我们发现很难说再见，她邀请我留下来吃午饭，不过我拒绝了。

"下次吧，也许。我今天还有很多事情要做。"

"啊好，那也是。你总是很忙，不是吗？"

随后，就像平常一样，我们在彼此的脸颊上吻了几下，也不知道下一次见面会是多少天、多少个月、多少年之后。做好的证件也不会由我交给她。

等我回到实验室的时候，有一件别的事情我必须做。我把禄来福来相机放进暗室收好，穿过走廊走进机房。之所以叫机房，是因为里面都是我为"官方"客户打印大尺寸照片时需要用到的各种设备。在屋子最里面、右手边放文具和照相材料的架子下面，有两个超大的行李箱，是欧内斯特之前放在这儿的。我从其中一个箱子中拿出一个大木盒，里面装着轻型冲锋枪、机枪和大量弹药。我拿着它离开实验室，摇摇晃晃地走下公寓的五层楼梯。这些武器就要有新主人了。

最近，一个叫秘密军组织（缩写为 OAS）的政治军事恐怖组织成立了。他们一直在攻击我们，目的是想让阿尔及利亚隶属于法国，从一开始，就有一小撮人想要通过引爆炸弹的方式来威胁那些支持阿尔及利亚独立的人。在让松审判期间为他辩护的两位律师——穆拉德·欧斯迪克和雅克·维尔吉，他们每次开车门时都要出一身冷汗。《121 宣言》[1] 发布后，针对名人、非名人住宅和汽车的炸弹袭击也多了起来。之前没有组织宣称对这些负责，但现在我们已经知道对方是谁了。攻击越来越多，尤其是在大量移民居住的地区。这些袭击者都戴着秘密军组织的标志，阿尔及利亚人开的酒吧、咖啡馆、旅馆和其他小店成了他们的首要攻击目标。

我知道民族解放阵线法国联盟已经决定从德国或比利时运送

---

[1] 《121 宣言》（ *Manifeste des 121* ），由 121 位法国著名知识分子、教授和艺术家共同签署。宣言发布时刚好是让松审判期间，这更激起了媒体的热议。——原注

一批新的武器，来帮助阿尔及利亚人对抗秘密军组织。我的联络员珍妮特将负责这次运送。届时她会驾驶一辆双层拖车，就连天花板和侧壁也都是双层的，里面都塞满了武器。

比较不幸的是，为了在车内做好伪装，这辆车要花很长时间才会到。

我想到了一件事情。在被送往德朗西之前，我当时在维尔给布兰库尔特帮忙，他让我给一批伦敦方面空投过来的重要武器找一个秘密藏匿点。最终，我和布兰库尔特找到了一位极其慈祥的老人，我们从他田地边缘的树里边挑选了一棵，并在那里挖了一个深坑——这个地方除了我俩没人知道。后来，我听布兰库尔特的遗孀说，他在法国解放后没几年便死在了中南半岛。我把这件事告诉了珍妮特，几天后，一名来自民族解放阵线法国联盟的叫贝勒卡西姆·拉哈尼的阿尔及利亚年轻人拜访了我，他想让我帮忙找到那个"二战"时的武器藏匿点，并把它们交给组织。不管怎么说，这个想法听上去也不是很疯狂，毕竟有可能东西都还在。我和贝勒卡西姆立刻赶去维尔，我很快找到了那个地点。但如今那块地上已经建起了一栋大型现代住宅楼，我们只能两手空空地回来。

而另一方面，我却不知道该拿欧内斯特的武器怎么办——每次搬家我都得拖着它们，简直就是一个沉重的累赘。我怎样才能摆脱它们呢？直接丢掉是不可能的，如果真扔了，天知道谁会捡来用？我怎么确保它们不会被一群穷凶极恶的罪犯拿到，或者卷入有预谋的犯罪之中？当前我宁愿自己先留着。但同时几乎我所有的朋友都接二连三被警察逮捕。这种危险可想而知：警察只要稍微一检查，就能让我身陷囹圄。作为一名伪造者，想要隐藏身份还是很容易的：摄影师或凸版照相印刷师都可以拥有那些机器、化学制品和工具。印章和文件可以藏起来或销毁，锌版可以放进酸里溶掉。但轻型机关枪、机枪、左轮手枪、弹夹、塑料炸弹和引爆装置该怎么解释？如你所见，这要困难多了。

我把这几大箱东西给了贝勒卡西姆——除了型号很老的引爆装置，因为太危险了。考虑到武器很重，我们商量好了他多来几趟，每次取十五到二十公斤，这样他提着它们在街上走时就不会引起别人的注意。第一天他提了满满一袋子弹走，因为太重，他的身子直往一边倾。为了避免路上出问题，我把我那台精致的罗贝尔瓦磅秤放到了弹药的最上面。这对于他来说更重了，但是这样一来至少能解释重量了。

贝勒卡西姆第二天又来了，我们重复了一遍。

等到第三天时，我俩都觉得应该换个策略才行。虽然我住的街区很安静，但同一个人连续三天提着相同的包来这里，而且还是个阿尔及利亚人，这简直太奇怪了。当时，莫里斯·帕庞[1] 手下的警察就很热衷于根据种族来抓人。

---

[1] 莫里斯·帕庞（Maurice Papon，1910—2007），以残忍著称的种族主义者，从纳粹占领法国起到二十世纪六十年代，在这期间他一直负责管理巴黎警察。二十世纪九十年代，他因曾在 1942—1944 年抓捕大量犹太人，并将被抓捕者送到位于波尔多的纳粹集中营而受到起诉。——译注

我提着沉重的箱子，下楼走到公寓门口，之后沿着尤内尔路一直走，在森提尔路右转，然后再向右，拐进了克鲁瓦桑路。见面地点是在一家面包房，没其他指示。当我推开门时，一个系在门上的小铃铛轻声响起。在我前面有三位客人，我一边排着队，一边在兜里翻找零钱打算买一个法棍。胖胖的面包师的妻子招待完第一位客人后，这位客人把面包夹在胳膊底下，走了。这时，后门那儿开了一条缝，一位面包师出现了，满身面粉，头上戴着小帽。这个穿着白色木屐系着白色围裙的人正是贝勒卡西姆。他这副伪装让我差点没认出来。

　　"好了，你要什么？"面包师妻子问道。"一根法棍，谢谢。"

　　正当她找零时，贝勒卡西姆给我打了个手势，随后他手里提着满满一袋蔬菜走出了店外。我谢过了那位女士。从面包店里出来后，我就在贝勒卡西姆身后三米的地方跟着他。我们向右转进了森提尔路，然后再向右走进了圣约瑟夫小巷，这里从不会有人来。他慢了下来，而我加速几步后超过了他。我们交换了手里的东西。我继续向前，直走向蒙马特路，他为了避开主路掉头往回走。欧内斯特的武器现在要为阿尔及利亚的独立而战斗了。

8

"为什么你会去帮阿尔及利亚人？"

我想你应该清楚，加入组织、帮助阿尔及利亚人并不是一拍脑袋做出的决定。我加入让松组织时便在思考阿尔及利亚人已经战斗了好几年这件事。但是当你孤身一人，没有组织、没有联络人，除了和朋友们在咖啡馆里的桌子旁坐着，只是嘴上喋喋不休，说要帮忙之外，又能做些什么呢？简单来说，我想帮忙，可是不知道该怎么做。

先让我们把时间往回倒一点。1948 年，在我的同伴们都移民到以色列之后，我继续待在埃克斯路的实验室，那里有我所有的设备，而且由于我没地方去，就在那里住了好几个月，睡在一张简易行军床上。

"那你的家人呢？"

战争把我们分开了。我们每个人都过着各自的生活，并尽力过到最好。我妹妹当时正准备移民去以色列，父亲和兄弟们还住在巴黎，但我们几乎不怎么见面。

于是就剩下当时二十三岁的我，独自一人，没有证件，也没有固定收入和一个能让人信服的过去。由于没有正式的学历，也无法说出自己过往的职业经历，我只能接一些小活儿，做摄影师或染匠，但这些都不太符合我的能力和预期。

我的朋友也都离开了。为了克服寂寞，我全身心投入到摄影里。每天晚上我都会爬上楼顶，去拍摄巴黎这个沉睡中的城市。我的艺术野心就是在这时被完全激发出来的，伪造证件的实验室也再次开张，而且变成了摄影和化学实验室。慢慢地，我又重新开始享受生活了。

当时有个朋友经常晚上和我一起去冒险，他叫欧文·普雷斯，是一个年轻的匈牙利人，移民工人组织的前成员，和我一样有热情。在他妻子组织的一次晚宴上，珍妮，一个年轻漂亮的学生进入了我的生活。她是来自波兰的犹太人，所有家人都已在死亡营里去世。多亏了她们父母的好主意，帮她们在德国人家里找了份女佣的工作，这才让珍妮和她妹妹幸存了下来。

在相遇的几个月后，我们结婚了。大女儿玛莎生于 1950 年，一年后她的弟弟塞尔吉出生。然而仅仅两年，这段婚姻就悲惨地以失败告终，太多的误会导致了我们爱情的终结。我又重新回到了埃克斯路的那张四周围满了化学品和机器的行军床上。

随后几年我的生活都很不安定：一直在换住址、换工作，交往的人也一直在变。事实证明，想要重新回到"正常"的生活轨道十分困难。被战争缩短的童年，多年的地下生活，那些我没能拯救的人，还有被关在德朗西的日子，这些都在我身上留下了难以抹去的痕迹。我始终无法接受这一切都已结束，依旧会有很多面孔出现在我的噩梦里。

工作上有好日子也有坏日子，起伏不定。最终我在一家公司找了份长期的摄影工作，专门为电影院做巨幅照片。这是一份完全独立的工作，和导演及设计师之间的关系也很紧密，我会带上那台 18mm×24mm 的广角照相机到处去摄影，将底片冲印出来后再把照片贴在电影院墙上。我很荣幸曾为亚历山大·特劳纳的布景拍过照，他是一位有名的设计师，曾与导演马塞尔·卡尔内合作。

和从前一样，我对程式化的工作毫无兴趣。我所享受的是解决技术难题，掌握新的制造工艺，以及做研究。

在我刚开始自立门户时，建筑师、马克思主义城镇规划师阿纳托尔·克诺普是我最早的那批客户之一。他来找我定制那些放在问询台、商店橱窗或举办《人道报》慈善晚会[1]场馆正面的巨幅照片，或是用于其他一些令我感兴趣的主题历史展览（比如巴黎公社、罗曼·罗兰[2]的一生，或是法国北部煤矿）的照片。

之后我便专门复制艺术品。这是一项异常艰辛的技术活儿，需要一丝不苟才能完成，而这正好是我喜欢的。大部分客户都是我的画家朋友，其中很多是南美的动态艺术家，他们在抽象几何

---

[1] 《人道报》（*L'Humanité*）组织的每年一次的筹资活动。《人道报》是法国一家全国性日报，之前与共产党联系紧密，现在完全独立。——译注

[2] 罗曼·罗兰（Romain Rolland, 1866—1944），法国作家，深度参与德雷福斯事件（这一事件暴露了存在于法国军队中的反犹主义），并致力于世界和平。——译注

画和欧普艺术领域非常活跃。可惜的是，这些艺术家如今已不被大家所熟知：奥斯瓦尔德·维加斯、雅各布·阿甘、赫苏斯·索托、卡梅洛·阿登·昆以及安东尼奥·阿西斯。经常，或者说长久以来，我不得不忽视那些未付的账单。

我在1953年和1954年的夏天去了两次阿尔及利亚，和我当时的女朋友克莱特一起，她和我一样也是摄影师。她父亲是一位希腊商人，在阿尔及利亚居住了很久。这是我生命中更加——怎么说呢——耀眼的一段时光。克莱特和我住在一座废弃的工厂里（现在可能叫作"loft"），那里也是我们的摄影工作室。我们为室内装修、橱窗布置还有连锁商店的广告制作照片。

正是由于这些稳定的客源，我们才有了一份稳定的收入，到了夏天甚至还可以偶尔出去度假。克莱特一有时间就会去看望她的父亲，那两年我都陪着她。在那里我看到了殖民主义带来的严重问题；我看到了种族主义、歧视和当众羞辱；我看到了阿尔及利亚人被直接称呼为"你"（法语 tu），而人们对法国人却是尊称"先生"（法语 Monsieur）。在目睹了这么多让我感觉极不舒服的场景以后，我常为自己的白人身份而感到羞愧，为法国感到羞愧。

如果以偏概全地说那儿的所有人都是种族主义者，这当然不是事实。我也见过一些很高尚的人，他们为了法国人和"原住民"之间的公民权利平等而战斗。事实上，也正是通过他们我才知道，原来原住民所拥有的权利要比法国人少，法国法律甚至把这些人归为一个亚类。在学校里他们不是教我们说阿尔及利亚是属于法国的吗？当时他们对于公民之间的"平等"是怎么说的来着？

我感到这个拥有丰饶文化的伟大国家就像一个快要爆炸的高压锅：大多数在阿尔及利亚的法国人对阿尔及利亚人居高临下的态度、家长式的作风和一种类似于对待奴隶般的主人姿态，只会给已经熊熊燃烧的火焰再次浇上油。我和克莱特给一些阿尔及尔人还有一群躲在栏杆后面看着我们的孩子拍了些照片。他们有着漂亮的脸庞，在这些照片中，阿尔及利亚的美和吸引力展露无遗。

起义的第一天，1954 年 11 月 1 日。法国对此几乎毫无察觉。有人说是恐怖分子发动了攻击，但这一次我不会再像 1945 年 5 月 8 日时，或者首次阿尔及利亚独立大游行（德国投降当天）时那样被骗了。

你要知道，已经有很多年没人谈起那场在阿尔及利亚的"战争"了。但他们把一群刚服完兵役的年轻人再次召集起来 [1] 送往阿尔及利亚，官方宣传语还说这是去"维护阿尔及利亚地区和平"。我这才明白过来，并对此感到深深的不安。我到现在还记得，对我来说战争就是从那时开始的——哪怕当时官方的谎言说辞已竭尽所能来掩盖事实。可是如果没有战争，为什么要把这些年轻人送过去呢？我坚定地与那些因被重新征召而游行示威的士兵站在一起，因为我十分确信，法国母亲正把她的孩子们送上一条不归路。

---

[1] 数万名刚刚服完兵役不到三年的年轻人再次被征召，他们将被送往阿尔及利亚"维和"。他们到那里后才发现，等待着他们的其实是战争。——原注

这期间，在导演让·鲁什[1]的一次杀青宴上，我遇到了一位年轻的美国黑人女孩——来自纽约的萨拉·伊丽莎白·佩恩。我们整晚都待在一起，她一直在用她那轻快的"美式法语"急促不清地说话，又喝酒又跳舞，嘲笑她自己还有我的笨拙。等到夜晚结束时，我已经疯狂地爱上了她，单纯的一见钟情。那时我的工作还不是很忙，一个专门做旅游海报和风景明信片的摄影公司刚刚雇了我，正打算派我出差，进行一次七个月的欧洲海岸之旅。

"你想和我一起去吗？"我问她，虽然我们才认识不过几周。

她睫毛扑闪了几下，同意了。于是我们坐着一辆雷诺 4CV 出发，在任何一小块我们能找到的天堂之地上竖起帐篷野营。我清晨很早就出去拍照，一天中的其他时间就都用来和萨拉·伊丽莎白待在一起，为她指出我们经过的每一处风景和城镇，所有这一切都让她感觉很神奇。虽然旅途并不是很舒适，但这无关紧要。我第一次体会到生活如同完美的田园牧歌一般，前方没有一丝阴霾。我们懂得彼此。我教她摄影，而她会画一些美丽的肖像画，还会以非洲为灵感做些首饰。是的，我们并不富有，但我们是自由幸福的艺术家！这种波希米亚式[2]的生活很适合我们。我们可以一言不发地在一起工作；等到一天结束的时候，我们会一同在深夜里

---

[1] 让·鲁什（Jean Rouch, 1917—2004），法国导演，是主张导演介入并引导拍摄的"真实电影"美学风格的创始人，人类学纪录片大师。代表作有《我，一个黑人》（*Moi, un noir*, 1958）、《夏日纪事》（*Chronique d'un été*, 1960）、《水夫人》（*Madame L'Eau*, 1993）等。——编注

[2] 波希米亚式（Bohemian），指一种类似游牧民族的、不受传统拘束的生活方式及审美趣味，以纵情不羁、大胆自由为主要特点。——编注

规划未来。我们欣喜地发现自己正享受着艺术上的成功：我们已经名扬法国，或许还有美国。我们甚至想象了一下未来孩子的长相。所有这一切让我忘记了远在巴黎的烦恼和日常生活中的忧虑。政治和所有正处于关键时刻的一切——战争与和平——都完全消失了。和萨拉·伊丽莎白在一起的两年里，我们把一半时间都花在了环游海岸上，是否要搬去美国这个问题变得越来越迫切。我和雇主聊了聊，他在尝试用一切办法把我留在巴黎而失败后，给出了一个我连想都不敢想的提议：他在美国的公司有一个职位，他同意让我在那儿工作，并在试用期结束后留下来。

为了和家人重聚，萨拉·伊丽莎白先回了美国。我们约好四个月后，等到 1958 年年初的时候，我再过去。我正好可以利用这段时间来解决自己的问题，把我的所有东西都卖掉，或者留给朋友看管。那段时间我到处宣布自己打算去美国……

四个月很漫长。一开始人们都来祝贺我，说着"我们会去看你的，一言为定"；但没过多久，由于生活一如往常，那些政治话题又再次成为众人讨论的焦点。随着时间流逝，阿尔及利亚的对抗不断升级，我变得越来越担忧，却仍未能找到一种可以深入参与其中的方式。

这场冲突在法国引发了一系列后果。巴黎已经开始受到阿尔及利亚动乱所带来的影响：根据种族特征来抓人，以及不间断的警察检查。就个人而言，我并不认识任何一个阿尔及利亚人，但我的南美朋友告诉我说，他们会经常受到警察的盘问——只是因为他们具有地中海特色的外表。我完全无法忍受法国政府竟然把黝黑的皮肤作为抓人的依据，这跟几年前纳粹根据犹太人的鼻子来抓人没有任何区别。

临近 1957 年年底，关于法国军队和警察在阿尔及利亚虐待犯人的第一批报告陆续公开。虽然这对我们来讲早已不是什么新鲜事，但是这一次，虐囚已经不单单是一桩孤立事件了。有几名高级官员拒绝参与进来，甚至请求解除自己的职位。我们中的一些人，抵抗组织的前成员，从中看出了盖世太保"幽灵再现"的苗头，尽管受害者不同，但方式是一样的。阿里·布门德加尔[1]的"自杀"和莫里斯·奥当[2]的消失，已经证明了阿尔及利亚人正在被肆意虐杀的事实，而凶手却逍遥法外。更可怕的还有审查。任何人，只要你写了关于阿尔及利亚问题或阿尔及利亚独立的哪怕是一篇极短的文章，都会被立即逮捕、搜家，没收并销毁作品。我很担心年轻人，这些逃亡者宁愿冒着被抓进监狱的风险也要遵从自己的良心。但我更担心的是那些没有勇气违抗命令的人，他们会怎样呢？

施虐者？为国捐躯的英雄？不管哪一种，在这种情况下，法国母亲都是在让她自己的孩子白白牺牲——其实阿尔及利亚早就

---

[1] 阿里·布门德加尔（Ali Boumendjel，1919—1957），一名阿尔及利亚律师，1957 年 3 月被法国军方在阿尔及利亚抓捕并杀害。——原注

[2] 莫里斯·奥当（Maurice Audin，1932—1957），一名在阿尔及尔大学任教的法国数学家，他曾是共产党和一个反殖民军事组织的成员，之后他在家里被法国当局逮捕，具体情况从来没有说明。——原注

不属于法国了。

那段时间，我成了蒙帕纳斯和圣日耳曼大道上那些咖啡馆的常客。我去停泊酒店听南美音乐，在花神咖啡馆、菁英咖啡馆、马提尼克人朗姆酒吧喝咖啡。我最常去的一家叫老海军，很多电影人、记者，还有知识分子都会顺便来这里聚聚。我每天晚上八点钟以后都会在那儿，有一张自己的桌子，可以收信件，打电话，安排接头会议，和朋友见面——大部分是画家，还有电影圈的人，以及记者乔治·阿诺德（Georges Arnaud，1917—1987）、剧作家阿瑟·阿达莫夫（Arthur Adamov，1908—1970）和一大群野心勃勃渴望成功的人，也有很多漂亮女孩。我们十分关心阿尔及利亚的局势，常常满怀激情地讨论应该做些什么，可一旦落实到具体行动的层面，我们做得却不多。

1957 年秋天，我度过了自己的三十二岁生日。还遇见了一位朋友——玛斯琳·洛里丹，我们彼此讲述了自己的人生故事：她是比尔克瑙集中营[1]的幸存者，当她再回来时已经十七岁了，皮肤上烙下了一个永久文身，充满令人绝望的气息。她把我介绍给了安妮特·罗杰尔。这位来自马赛的医生是个漂亮的金发女郎，苗条、优雅，行动力一流。我们很快就聊上了，她开心地接受了我的提议，答应第二天会过来帮我拍摄几张人像系列的照片。

这次的拍摄过程很离奇。模特儿本身没有任何问题，她简直

---

[1] 比尔克瑙集中营（Birkenau concentration camp），是纳粹以奥斯威辛为中心修建的集中营里最大的一个。——编注

称得上完美。但实际上我们几乎没有在拍照。安妮特的好奇心非常强，一直想和我聊天。我很快意识到玛斯琳已经告诉过她我在德占时期伪造证件的事情，因为她很快就提起了这件事。她想知道细节，于是我花了很长时间向她讲述了一切："二战"、军队情报机构、哈加纳和斯特恩组织。等我讲完时，我们两人都沉默了几秒钟，然后她深呼吸了一下。

"现在呢？你还能伪造证件吗？"她直勾勾地盯着我的眼睛问道。

"只要理由是正当的。"

她勉强笑了一下说："我还以为你就是我们需要的人。跟弗朗西斯·让松见一面怎么样？"

弗朗西斯·让松，人称"教授"，我早就听说过他。我身边左翼知识分子圈里任何一个对阿尔及利亚问题感兴趣的人，都多少读过或听说过他和他妻子一起写的书：《法外之地阿尔及利亚》（ *L'Algérie hors la loi* ）。我自己时不时地会去读让 - 保罗·萨特（Jean-Paul Sartre，1905—1980）主编的哲学期刊《摩登时代》（ *Les Temps modernes* ），我知道让松也曾是编辑之一。我还听说他和加缪（Albert Camus，1913—1960）有过争吵，因为他对加缪的小说《局外人》评价很差。虽然我个人觉得加缪那本书的文学性没啥问题，但在几年前一次关于阿尔及利亚的激烈讨论中，我也曾和加缪争论过，我批评他对待这件事情的态度过于冷漠。所以，我很愿意认识一下这位一直都只闻其名的"教授"。这次见面被安排在了玛斯琳位于拉丁区的公寓里，当我进屋时，他已经等在那里了。令人惊讶的是，我发现自己竟然认识他——几年前在罗曼·罗兰遗孀的家里，我正在给一本关于她丈夫的书做档案照片，当时正好有一位非常腼腆的记者过来采访她。那个人就是弗朗西斯·让松。但现在的弗朗西斯已经不再腼腆。与之相反，他所展示出来的决心和能量都很惊人。

弗朗西斯的个性令人叹为观止。他是一名知识分子，一位存在主义哲学家。他的原则是思想不能脱离行动，或者说，反殖民主义不能仅仅局限于站在边线外面记比分。他人生中有两次集中关注阿尔及利亚问题：第一次是在占领时期，作为"二战"时法国自由军驻非洲军队里的一员，他发现大部分法国籍阿尔及利亚人都是维希主义者，甚至是通敌者；第二次是在 1948 年他和妻子再次回到那里时。他强调说自己全身心协助阿尔及利亚人的这个决定，完全是从作为一个法国人的出发点而做出的——为了尽可能维持法阿友谊，唤醒法国左翼。而且和我一样，他也从一开始就认为阿尔及利亚人会获得最后的独立，无论是否有法国人的帮助。他想帮助阿尔及利亚人尽早赢得战争，避免双方无谓的伤亡。他问我是否愿意加入组织。

"当然。"我回答道。

"好，但你得**真正**加入我们。"他说。

"'真正'的意思是……？"

"全天候待命。制作文件，能及时响应紧急需求。我们有很多不同国籍的证件要做，其中包括以'完全不可能伪造'而著称的瑞士护照。"

弗朗西斯随后为我列出了一个冗长的清单，上面的所有证件都需要我伪造出来。我从没想过他们的需求会如此重要。弗朗西斯的声音渐渐变小，最后成为噪声，淹没在一片嘈杂的背景音中，而我的思绪已经飘到了萨拉·伊丽莎白那里：她还在美国等着我……

一周之后，我和让松的助手在马提尼克人朗姆酒吧见了一面。

"丹尼尔。"他一边介绍着自己，一边站起来和我握手，然后邀请我坐下。

他的样子非常"中产阶级"：高大强壮，身着一套优雅的西装，打着黑领带。他肤色黝黑，像是刚刚度假归来，样貌很出众，膝上放着一个做工精致的皮质公文包。喝完一杯威士忌后，他又找服务员要了第二杯，而我只点了一杯白咖啡。

我们一开始就以"你"（tu）相称，简单介绍了下彼此之后，很快便熟络起来。[1]"丹尼尔"，真名雅克·维涅，来自波尔多，是弗朗西斯·让松的童年好友。他是个很安静的人，有妻子和家庭，也是个热忱的水手，擅长赛艇，兴致来了还会去做体育记者，在加入组织之前，他曾平淡地经营着一桩卖浴室家具的家族小生意。他告诉我说，当弗朗西斯·让松邀请他成为左膀右臂，管理整个组织的所有机构，负责制订逃生路线时，他毫不犹豫就答应了。对

---

[1]　在法国，陌生人之间通常会以"vous"（您）相称，"tu"（你）仅用于关系十分亲密的人之间。——编注

于他来说，完成整个任务最大的障碍在于穿越边境——在那之前，为了筹钱，或者为了让阿尔及利亚的领袖、通缉犯和逃兵离开阿尔及利亚，丹尼尔一般都会从西班牙过境。但随着战事变得越来越激烈，逃兵数量急剧增加，资金筹集的范围也越来越大且更加系统，迫切需要在周边国家里找出更多可能的出入境路线：西班牙、意大利、瑞士、德国和比利时。那些对于起义来说至关重要的支持资金会在法国筹集、整理和清点好，但只能存在瑞士。所以从那天起丹尼尔将成为我的联系人，并且我很快就需要为组织里的特工和通缉犯准备西班牙、意大利、瑞士、德国、比利时和法国的各种证件。他们的任务就是穿越边境。

　　离开时他给了我一个信封，里面装着他的第一批订单，他坚持付了酒钱，同时安排了两天后的会面。

　　回家的路上，我感觉有点困惑。第一次会面，我们聊了一个多小时。像让松、我，还有其他加入组织的成员一样，他也是在遵从法国人的使命，为了法阿友谊的建立——因为法国"平等、博爱、自由"的价值观已经指明了这条路，因为阿尔及利亚终究会走向独立，如果我们想停止浪费时间，不想再让法国的年轻人去送死的话，就必须帮助他们尽快获得胜利，只有这样才不会完全失去阿尔及利亚兄弟们的信任。他的信念十分真诚，对局势的解读也很中肯，但似乎仍有什么东西困扰着我。我觉得他给我的第一印象并不好。我走之前，他要了第三杯威士忌，我感觉他的声音已不再清晰，说话磕磕绊绊，还有点口吃……我不知道该如何形容，他讲话的内容还是连贯的，但是，一大早三杯威士忌？把组织的所有机构交给这样的一个人，真的没问题吗？我对此表示怀疑。坦率地讲，我甚至都觉得不必把他说的话太当真。啊，真希望我当时就能明白这个道理！

记住这个教训：不要相信你的第一印象。我刚刚遇到的是我整个职业生涯里见过的最有效率的幕后操盘手。

我在公寓楼的大厅里浏览信件。没有账单，只有一封信。上面的字迹不管到哪儿我都认得出。萨拉·伊丽莎白的笔迹很圆润，而且比一般人的要大两到三倍。我的心一瞬间下沉，我走上楼，把两个信封都放在桌上。丹尼尔的信封：A4纸大小、厚厚的棕色纸；萨拉·伊丽莎白的信封：盖着一个表示已核销的美国章，白色细长，用的是亚麻布纹纸，还缠着透明胶带——显然她是自己做的。

比什肯[1]在窗台上吱吱叫了两声，可能以为我忘了它。我从衣兜里拿出一小片不怎么新鲜的面包，揉碎了放到它面前，它叫了几声，似乎是在表示感谢。和往常一样，它会把面包屑吃得一干二净，飞走，然后第二天再回来。萨拉多爱这只鸟啊……

这是她走后我收到的第四封信了，而我一直没抽出时间回复。上一封信的信封是手绘的，硬纸上有肉色凸起，信则是用钢笔写在描图纸上的，整整十页长，因为萨拉把每一页都画满了插图，写满了注释。她问道："你为什么不再写信了？我想知道当我在这儿

---

[1] 萨拉养的一只鸟。——编注

等待的时候，是谁取代了我陪在你身边？你开始卖掉自己的东西了吗？我跟朋友提起了你。别忘了在船上给我父亲买一瓶威士忌。所有人都很想见到你。给我回信。"

在这封信里她会跟我说些什么呢？我不确定自己是否想知道。

最近这几天我必须做出一个有史以来最艰难的决定：她还是他们？爱情还是事业？我们早就完美地安排好了一切：她先回美国和家人团聚，而我则会利用这几个月的时间来整理好个人事务——卖掉一切，培训一个新的摄影师来接替我的位置。在美国甚至还有工作等着我，老板在那边的公司给我留了个职位。我该如何告诉她我不会去了？我曾写了几百封信来解释我的沉默，但每一次我都没有勇气给它贴上邮票。纵使有千言万语，有那么多事情需要解释和坦白，而我的回复却是如此无力，如此残破。我只好提笔从头再来。但是，对于我所从事的政治活动向来一无所知的她，又怎么能理解我肩上的责任呢？

比什肯趁我没注意已经飞走了，一粒面包屑都没剩下。最终，我还是没有拆开萨拉·伊丽莎白的信，而是把它放进抽屉里——和她寄来的其他信件，还有所有我没能寄出的草稿放在了一起。

然后我打开了丹尼尔的那一封信。里面装着一张比利时身份证和一本驾照，我不需要伪造，只要替换照片、更改出生日期和职业就行了。这些证件都是其他人的，偷来、借来或者经他们同意"丢失的"。这很像我刚加入抵抗组织时所做的简单的修改工作。

我需要研究墨水成分，抹去旧信息，覆盖上新的。照片已经贴好，可是那上面需要有一个盖在边缘的凸版印章；印花税票有一半在照片底下，那上面也得盖章，不过这次用墨水盖个平印就行。

碰巧我的化学品和上色剂都还在，甚至包括照相凸版印刷用的图版和酸性液体。这些东西纯度高，不会变质。

我先自己做了一个熔点很低的合金，由于液化时的温度不高，可以把它滴在证件上——准确地说，是滴在凸版印章上——然后让它固化变硬。如果是平印，我会用加了一点甘油的墨水，因为它会让墨水保持湿润，这样就能用不吸水的描图纸把缺失的另一半印章准确地复制下来，然后再把描图纸放在一张有明胶涂层的纸上。由此制成了我最终使用的印章。现在，我就可以把照片换成丹尼尔的了。

剩下的就是改出生日期和职业。我分析了墨水成分，发现它用的是黑色苯胺上色剂。这是一种很常见的墨水，可以用氧化的方法将它去除，再用氨蒸气来中和。我做了高锰酸钾溶液和亚硫酸氢钠溶液。证件的所有者是一位电工，我估计丹尼尔对这个领域一无所知，所以我得为他换个别的职业。想了一下之后，我选择了推销员——一个很适合他的职业。我用成分相同的墨水，在"职业"那一栏中小心翼翼地填上了新的细节，一笔一画地模仿市政厅负责填写证件的职员的笔迹。就这样，我给让松组织、民族解放阵线法国支持机构的第一份伪造证件就做好了。

9

　　这是弗朗西斯·让松和丹尼尔第一次来我在尤内尔路的实验室。通常，当他们中的一个人过来布置任务时，我都会在客厅和他们迅速地碰个头，收下信封，然后把他们送到门口，因为我不是很爱聊天。但今天他们想"看一看"。

　　想象一下，一间超过一百五十平方米的实验室：首先你要走下一座长长的楼梯，在楼梯尽头的左手边是客厅，右手边有三扇门，还有一扇在走廊尽头。我把右手边的第一间屋子改成了冲洗胶卷的暗房：在一面墙边摆放着一排共八个水池，还有八个装有电铃的挂钟——上面的时间都是根据操作流程设置好的，每个水池里都立着一支温度计。第二扇门通往厨房，这里被改造成了"设备"室，有庞大的用来上光和冲洗照片的机器。尽头那间则是最大的主实验室，窗户全部用黑布封死，灯光是红色和绿色的。我的四台巨大的彩色和黑白放大机装在桌子上，桌子底下的大抽屉里则装着纸、胶卷和做了一半的证件。屋子里还有干燥柜、灯箱、宽大的工作台、切纸机、分光仪、放大镜、一台显微镜，以及红外线灯和紫外线灯。

在后面的墙上，四个装有水盆，用来加湿、浸泡的水槽一字排开，上面陈列着各种化学制品。在所有东西的最上面是交错的晾衣绳，等待晾干的胶卷、照片和文件挂了一屋子。

在屋子后面有另外一扇门通往大打印室。屋顶有一面大大的厚玻璃窗，在它的正下方，最显眼的位置，放着我的大型平版打印机——一个货真价实的博物馆藏品，被我拆开来保存了好多年。在一面墙边的桌子上，摆着我的石印石[1]，上面的墨迹已经晕开，旁边整面墙的架子上都摆满了我的油墨滚筒。还有一些工作台，上面有锌版和用来切割锌版并把它们摆在印石上的工具、切纸机、一个自制的用来降低纸张厚度的层合机[2]，靠墙的架子上还放着墨水和颜料。

除此之外，还有一扇门通向宽阔的阁楼。上去右手边是我的库房，左手边是一个大型摄影工作室，同时兼作我的卧室和起居室。

你还可以从另一扇门出去进到餐厅里，然后顺着这条路线回到休息室和入口处的楼梯。这就是我的巢穴，我的实验室。

生活有时会突然给我们带来些奇怪的惊喜。还记得古马德吗？抵抗组织里那个痛恨外国人的照相凸版印刷师。我之所以能有这些特权，也要部分归功于他。加入让松组织后，我的第一要务就

---

[1] 石版印刷中所用的一种质地十分细腻的石灰石。——编注
[2] 用于将两层或两层以上相同或不同材质的薄片通过胶黏或热压合等手段贴合在一起的设备。——编注

是建起一个像样的实验室——当时住的那套局促的两居室公寓已经被我自己改成了一个工作室，卧室则整个儿用来堆东西，在这种情况下是不可能做好工作的。

所以只要有时间，我就会出门找地方。而且，鉴于我一如既往地没钱，弗朗西斯曾提议付给我薪水——因为他需要我全职工作，这些钱能支付一些技术开销——但是被我拒绝了。原因有两个：一是想要预估实验室的运营费用很难，我也不知道他们的需求有多频繁；另外一个更重要的原因是，一旦收了钱，我就会感觉自己成了个唯利是图的人。不管怎样，我已经决定了要保持独立。如果组织以后朝我不认可的方向发展，比如发动针对平民的恐怖袭击，我也能随时离开。

但自由需要付出代价。我需要放弃已有的工作，重新开始为自己打工，还要开一家摄影公司来调和我的两个职业：合法的和非法的。

机缘巧合，有天我在股票交易所附近谈公事，刚好看到墙上贴着一张小告示，上面写着租约拍卖。然后我就去看了看场地，简直是一片废墟。之前的租客是一家已经破产的通讯社，现在这里脏得可怕，墙面都已被飞溅的定色剂腐蚀，一切都烂透了，根本没人想要。但我想要，而且我立刻就喜欢上了这个地方。对于一个事业刚刚起步的人来说，这里租金低到不可思议，还是联合租借。这个地方占了顶层楼的一半，我立刻注意到，另一半也是空的，而且分别有两条不同的楼梯通向上面。这对于一直想要避免遇到别人的我来说非常实用，而且必要的时候也可以把它作为一个秘密出口。

于是我去见了佩蒂特先生。他刚过六十岁，是一名律师，一个看上去有点令人讨厌的权威人士。我解释说自己想要租这个地方，希望他能为我保留，也给我一点时间去注册公司来签租约。

"你要我等多久？"他问道。

"我也不知道。因为我是外国人，所以我得先找个总管。"

当听到"外国人"这个词时，佩蒂特先生皱了下眉头，仿佛我说了什么下流话一样。

"你是哪儿的人？"

"阿根廷。"

"你要开一家什么公司？"

"技术及彩色摄影公司，包括照相凸版印刷。"

他好像突然被一段还算愉快的回忆所包围。"我知道一点凸版印刷。"他说，"我有个朋友——已经不幸去世了——他曾经是最厉害的凸版印刷师之一，曾在艾司田学院教书。"

"你那位朋友叫什么名字？"

"亨利·古马德。"

"我也认识他，他教过我。"

从这一刻起，佩蒂特开始有点喜欢我了，因为我曾是他过世好朋友的学生。于是他决定亲自帮我。他立刻给了我钥匙，让我可以开始装修这里。至于开公司，他建议由他儿子来做总管——

那是一个四十岁左右的绅士，和佩蒂特一起工作，此刻我们说话的时候他正在一旁看《实录周刊》（*Minute*）——至少可以在租约上这么写。一个隶属于民族解放阵线组织的证件伪造者雇了一个极右翼总管——没有比这更好的伪装了。

弗朗西斯和丹尼尔在看过我的实验室、问了上千个问题后完全震惊了，这里确实让人印象很深刻。我向他们解释了如何用铅凸版做照相平版印刷，在墨水里混进一些颜色后会起什么反应，但最让他们惊讶的则是我的档案箱，里面装着"二战"以来的身份证、印章，还有给哈加纳做的集体签证。

"你说没有什么是不能伪造的，是吗？"弗朗西斯一边问，一边用放大镜仔细检查着一张巴西签证。

"是的。任何一个能被人想到并做出来的东西，自然都可以被另一个人所复制。"

"我们有一个非常紧急的需求：后天就需要两张瑞士护照。"

大名鼎鼎的瑞士护照。自从我再次伪造证件起，除了规定的期限一开始就很难赶上外，我还没遇到过什么重大困难——尽管从头再来是一件漫长又乏味的工作。现在的法国身份证、驾照和护照与1950年相比已经完全不一样，这意味着我没有任何可依靠的模板、印版或印章。但相比之下，瑞士护照则是一项名副其实的技术挑战，我不确信自己能否胜任。封面的质地，带有凸版水印的既坚固又柔韧的超轻型纸板——这些都完全不同于世界上任何一本护照。没人曾成功复制过它，而我却要在两天之内找到方法！

我立刻把自己关进实验室，一分钟也不想浪费。像往常一样，先把什么都拿来试一试：不同的纸、纤维素和胶水的组合。可惜，一开始的尝试都让人很失望，做出来的东西要么太硬要么太软，始终无法两者兼得。于是我不得不从头再来，不断尝试新的比例……

一天一夜过去了，我仍然不知从何下手。我在实验室里走来走去，和睡眠做着斗争。现在还不是松懈的时候。但随着疲倦突然袭来的是一阵强烈的头痛，仿佛眼睛后面有针在扎我一样，剧烈的疼痛让我几乎无法呼吸。意识到自己没有办法硬挺下去，于是我立刻舒展四肢躺倒在木质长椅上，等待疼痛消失。闭上眼睛时，我完全放松了下来，任由自己沉沉睡去。信不信由你，即使是睡着了，我的脑袋也还在工作。在梦里我继续试验其他不同的纸张，一点一点往里面加纤维素。可能是头痛又没时间吃阿司匹林的缘故，又或是一些曲折的命中注定，我突然想起纱布片里含有很多纯纤维素。我梦到自己把纱布切成碎片，融进我用选出的与各种模板材质相似的纸张打成的纸浆里，然后再把它们放进碱性溶液里溶解。等纸张晾干后我检查了下成果，简直难以置信！

我一下子就醒了。睡在木凳上使我浑身疼痛，但头已经不再疼了。我昏迷了多久？外面已经一片漆黑，现在只剩下一个晚上加一个早晨的时间了。我冲进卫生间，把药柜里里外外翻了个遍。纱布片……真有可能吗？如果可能的话那就还有希望——虽然很渺茫，但也许还来得及。

我按照和梦里一模一样的操作方法做了一遍，把纱布切成小碎片，溶解后加到纸浆里，放在一边乳化半个小时左右之后，得到的纸浆跟我期望中的差不多，然后我把纸放进晾干柜。晾干这个过程无比漫长，整整几个小时我都在走来走去。黎明马上就要到来，我还得把纸张压到和模板差不多的厚度。终于，我可以把做好的成品拿来对比了。

肉眼看上去，两张纸的质地完全相同，摸起来连黏稠度都一样，就算放在显微镜下也挑不出来一丁点错，丝毫看不出来哪个是伪造的。剩下要做的就是上色、打印、裁切，然后把这张纸放进护照里。然后明天，我笑着想到，我要去药房买很多很多的纱布……

## 10

在一片温暖的气氛里，夜晚的光慢慢从天窗滑落进来，我摇着印刷机的手柄，玛丽-艾琳在整理打印出来的纸。突然，一阵婴儿的哭声打破了宁静。

"她醒了，我们休息一会儿。"玛丽-艾琳叹了口气，起身去看她的女儿。

现在我已经开始做大批量的瑞士护照了，曾经以难以伪造而著称的它，让很多危险行动都得以顺利进行。但多年以后我才知道，其实弗朗西斯和丹尼尔找我要第一本瑞士护照时是在撒谎：他们当时根本就不需要什么护照。长久以来，不管多复杂、时间多紧急的任务，我总能一句话不说便接过模板，而后准时交工。他们对此感到十分好奇，所以想给我安排一个不可能完成的任务，然后听我把那句"我做不了"说出口——哪怕只有一次。当然，如果我失败了，他们到时也会告诉我真相。但当我拿出两本护照时，他俩觉得自己很蠢，于是一个字也不敢多说就收下了。确实，我等到几十年后才知道真相：这不过是一个愚蠢的玩笑罢了。没错！

但因为瑞士护照十分珍稀，组织很快就真正用到它们了。正是这个玩笑大大节约了我的时间。

玛丽-艾琳突然又重新出现，一手拿着奶瓶，一手拿着尿布，小娜塔莉还在她怀里哭泣，双手抱着她的脖子。

"我要先喂她，还得在保姆来之前给她洗澡。"玛丽-艾琳像是春天的花儿一样突然出现在我的生活中。前一天我们还根本不认识，第二天就住到一起了，仿佛这是再自然不过的事。那天晚上在老海军酒吧，一个女性朋友问我："阿道夫，我一个朋友最近手头有点紧，可以在你那儿给她找点活儿吗？"当时我刚刚签下在尤内尔路的实验室的租约，那里满是一片黑色污垢。我说，唯一能做的就是帮忙做家务，我会付几法郎的报酬。第二天，一个身材瘦削、大概二十五岁的女人出现在了我的实验室门口，我开门时，她正把几缕金色的头发从大大的蓝眼睛旁拨开，捋到耳后。

"我叫玛丽-艾琳，过来做家务。"

她活泼有趣，从不会寡言少语，来工作后就再也没离开。几天后我才知道，她是一个单亲妈妈，需要钱来雇保姆照看女儿，等她下班后再把女儿接回家。于是我做了张小床放到摄影工作室里，就在我们的床旁边，然后我们两人一起去把娜塔莉接了回来。一边开摄影公司，一边秘密地做着印刷工作，一时间我有好多事情得处理。虽然玛丽-艾琳也很热衷于政治，并且强烈支持阿尔及利亚人的抗争，但她还不知道我的双重工作。既然我们吃、住、睡和工作都在一起，又如何能保密呢？我只好告诉了她。一开始她被吓破了胆，以为警察不管白天黑夜随时都会来把我们抓走。后来她克服了恐惧，并决定在不用喂孩子的时候给我帮忙。

门铃响了。我拿起印刷机里的最后一张纸，小心翼翼地将它放进抽屉，然后把印刷室、储藏室、主实验室和机器室的门都锁好之后才给保姆开门。保姆名字叫作奥雷莉，是一个十五六岁的年轻欧亚混血女孩，脸上总是带着温柔又忧伤的表情。此刻她走到玄关处，羞怯地做了下自我介绍。自从孩子来了之后，我们就很少出门了，是一个朋友推荐的她。在玛丽－艾琳告诉她各种东西都放在哪儿时，我最后做了一遍检查，以免她看到那些令人难堪的东西。这时电话响了。"阿道夫，我得跟你说些事儿，明天有时间吗？"是亨利，一个摄影师朋友。

"有。"

"那我们下午五点在圣克劳德咖啡馆见。"

等我们经过老海军酒吧时，老板叫住了我："你的信。"

信封上画了美国国旗，上面地址写的是"法国，圣日耳曼大道，老海军酒吧的老板收"。里面是一张 A3 纸，折了八次，上面萨拉·伊丽莎白只写了一句话："告诉阿道夫美国正等着他。"我终于下定决心借此机会告诉她我不会去了，并建议她回巴黎来生活。但我没办法告诉她留在法国对于我来说意味着怎样的折磨，她又怎么能懂呢？她在回信里向我要一个解释，但我只能苦涩地中断了联络，什么都没说。

"嗨，你看看你！"玛丽－艾琳笑着拉着我的衣袖喊道，"克劳德想见见你，来吧来吧。"

克劳德·拉瓦尔坐在咖啡馆最里面的桌子边上，招手让我过去。我在人群中曲折前进，一边走一边和几个人握了握手，亲了亲脸颊。克劳德脸上的表情很奇怪，他看上去很沮丧。

"你今天看上去不在状态。"

"明天结束前我要解决一个难题，也许你能帮我。"他一边说话一边搅动着杯子里的冰块。

"说吧，我听听看。"

"他们让我接收一个阿尔及利亚人，一个大人物。问题是我已经接收了一个，我得在明天之前找到一个新的藏匿点。"

是我把克劳德介绍进组织的，找藏身之处是我们的头等要事之一，因为如果被通缉的阿尔及利亚人去住酒店的话，就会遭到大规模围捕。他们也不能去餐厅吃饭，或者冒险步行去任何地方。雅克·沙尔比，一个为完成自己使命十分卖力的演员，在仔细考察了身边的朋友和剧院里的人之后，建立起了一个非常有效的借住关系网。不过问题是，不同的阿尔及利亚人不能总是一个接一个去同一间公寓，所以我们要不停寻找新的地方让他们住。一天，弗朗西斯和丹尼尔问我能不能帮忙找一些雅克·沙尔比清单以外的地方作为住处，当时我立刻就想到了克劳德。作为劳动总工会法航分支的官员，一直被组织所忽视的他，绝对很愿意帮忙。但是，由于那些公开站出来支持阿尔及利亚独立的人都已经被驱逐出党，为了不冒这个风险，作为一名共产党员的他就必须得秘密行动才行。

"这次不是普通人。"克劳德继续说道，喝空了他的酒杯，"是个高级官员，他需要一个绝对安全的地方，一个没人会想到去那儿找他的地方。"

"或许我有个主意。可以的话，让我来处理吧。"

我们回家时，屋里一片安静，玛丽－艾琳和我都放轻了脚步。街上路灯的光从窗户里照进来，娜塔莉在她的小床上睡得很熟，保姆奥雷莉正在一旁的木凳上打盹儿。玛丽－艾琳笑着看了我一眼，耸了耸肩，然后从壁橱里拿出一张毯子裹在了女孩儿身上。

第二天一大早我就出门了，因为会是相当紧张的一天。我得先解决克劳德的住宿问题，然后还和亨利约好了五点钟去圣克劳德咖啡馆见他——我的这位摄影师朋友昨天刚给我打来电话。但是在那之前，我还有另外一件事要解决——得先处理钱的问题。我刚付了实验室的房租，一分钱也没剩下，而且我的墨水、化品和纸张都要用完了。

典当行老板的助理把我迎进了门。虽然我的大部分朋友都还不知道这件事，但我在这个"当铺"里已经相当有名了。我在那里用不到十分之一的价格当掉了一架禄来福来相机，外加一台24mm×36mm爱克山泰相机[1]，一旦我有钱支付利息了就会立刻赎回来。有段时间我把自己的双重工作处理得很好，但没能持续

---

[1] 爱克山泰（Exakta），是由1912年成立于德国德累斯顿的老牌相机厂商依哈奇（Ihagee）在1933—1976年推出的著名胶片机，机型经典，堪称相机神话。——编注

太长时间。起初我把时间一分为二，一些已经付过款的摄影订单让我可以免费给民族解放阵线做证件。

但现在我几乎是在全职为民族解放阵线工作，钱早就用完了，欠债也越来越多。

因为一路上要不停绕道，我几乎快中午了才赶到一个老朋友家里。菲利普在他那位于第十六区的空间巨大、装修考究的公寓里热情欢迎了我。当克劳德要我帮忙找个安全的、任何人都想不到的、供阿尔及利亚人居住的地方时，我马上就想到了菲利普。把一位东躲西藏的民族解放阵线高级官员，藏到一个反对阿尔及利亚独立的犹太人家里，你可能会觉得这件事有点冒险，对吧？可在当时我想不出比这更好的掩护了。菲利普之前是抵抗组织和犹太复国主义青年运动的成员，战后他搬到了阿尔及利亚，和家族中的一些人一起生活，这些犹太人已经在阿尔及利亚生活了好几代。但那里的局势最终迫使他回到巴黎，从那以后，他便一直明确表示自己对法属阿尔及利亚的支持态度。不，说真的，绝不可能会有人想到来他家找民族解放阵线的人。

因为有几年没见了，我们一直在聊天，从过去的事一直聊到今天，包括我来这里的原因。

还没等我说出"民族解放阵线"这个词，菲利普就从他的椅子上站了起来，脸因为怒气变得通红，冲我大喊："这一招儿简直太卑鄙了，你明知道我无法拒绝。"

"不，你可以拒绝的。说吧，行还是不行，如果不行，这个话题就到此为止。"在他愤怒的叫喊结束后我反驳道。

"在你为我做了那些之后？你救过我的命，救过我父亲、我母亲和我妹妹的命。我怎么能拒绝！"

"那就接受吧。"

"我警告你，阿道夫，仅此一次，以后绝无可能。"

一个小时后，当我推开圣克劳德咖啡馆的门，一头扎进安静的人群里时，我仍对刚才的事有点恼火。而这时亨利已经靠在吧台旁等我了。

"我们坐到后面去吧，那里安静点。"他指了指角落的桌子建议道。

我们是唯一坐在角落里的人。亨利倚在桌子上，靠过来低声对我说："阿尔及利亚方面联系我了。"

"噢，是吗？"我眼睛都没眨一下地问道。亨利不可能知道我在帮民族解放阵线做事，除了玛丽－艾琳和其他几个人之外，没人知道这个。

"他们在为组织找伪造者。"我试图隐藏起自己的惊讶。

"你很反感法国人的虐待行径，所以我提了你的名字……"亨利继续说道。

"但我已经很多年没有伪造过证件了，这你是知道的，亨利。"

"我知道你和我一样觉得这场战争很荒谬。考虑一下吧，然后再告诉我行还是不行。"

"阿尔及利亚方面联系你的是谁？"

"阿尔及利亚国家运动。"[1]

我盯着亨利看了几秒钟，同时搅动着咖啡。阿尔及利亚国家运动是梅萨利·哈吉领导的第一个支持阿尔及利亚独立的政党，并且拒绝和民族解放阵线合作。双方现在正面临着一场同族残杀的血腥战争。

"他们人和机构都有了，是个很大的组织。"他补充道。

"好吧，他们具体都需要些什么？"

"一百张法国身份证。他们可以付钱，一千万法郎[2]。所以，行还是不行？"

"我需要点时间考虑下。"我最后答道。

"好，我会向他们转达。一周之后，同样的时间和地点。"亨利从他的日记本上撕了一页下来，分成两半，把其中一份给了我，"剩下的一半我会交给另一个人，到时候告诉他你的答复就好。"

我把这撕下来的半张纸装进口袋，和亨利告别，然后离开咖啡馆，走进了这座城市的一片灰雾之中。没有什么比在岸边快走一圈更适合思考问题的了。这一切的意义究竟是什么呢？如果阿尔及利亚国家运动需要身份证，给他们做不就可以了？从我过去的经验来看，同时给两个不同的组织做事是可行的，只要它们有着相同的目标。当我在抵抗组织的时候，不论是来自游击队、移

---

[1]　阿尔及利亚国家运动，mouvement national algérien，缩写为 MNA。——原注

[2]　这里指的是旧法郎。新法郎于 1960 年开始发行，一新法郎面值等于一百旧法郎。但即便新法郎通行很多年后，人们还一直都在使用旧法郎。亨利在这里提到的报价，在当时价值大概是十万新法郎。——原注

民工人组织，还是国家解放运动的需求，我都不会多想。而如今我是独自一个人，所以更自由了……然而仍有两个重要的问题困扰着我：首先是阿尔及利亚国家运动和民族解放阵线之间的武装斗争，其次是钱。一百张身份证一千万。吓到我的并不是数量——伪造证件不仅需要资金支持，还要花很多的时间，加上购买装备和材料——但要提前给我这样一笔数额如此具体的钱，这让我不得不考虑职业道德的问题。我得先和让松聊聊这件事再做决定，刚好我明天就要和他在玛斯琳家见面，向他汇报上次需求的最新进展。

一周后，菲利普给我打电话了："阿道夫，现在过来下，我得和你聊聊。"他以不容违抗的语气命令道。

我立刻赶到他的公寓，担心住在那儿的阿尔及利亚人和他之间可能发生了什么不好的事情：不和，吵架，或者更严重……菲利普开了门，大声喊道："啊，阿道夫！你的阿尔及利亚人，他很有教养。在我看来，他所做的只不过是抵抗罢了，就像我们当年一样。如果你还有这样的人，大可以把他们也送到我这儿来。"

看到这神奇的一对儿生活在同一屋檐下，我不禁笑了出来。他们一起谈论古典音乐、文学和哲学，还聊起各自的抗争，以及让两个国家都深受其害的种族主义。

时间慢慢流逝。我把手放进口袋中检查了一下，看亨利上周给我的那张从日记本上撕下来的纸条还在不在。我再次感谢了菲利普的好客，随后起身去往圣克劳德咖啡馆，去见阿尔及利亚国家运动的代表，他还在等我就是否会做一百张法国身份证给出答复。

"你要小心阿尔及利亚国家运动和警察串通一气。"在问了几个问题之后，弗朗西斯对我说道。

我坐在一个离其他顾客很远的地方——就是上次见亨利时我们所坐的角落里的那张桌子——为了远离那些偷听的人。一个四十岁左右、长相很普通的男人走过来在桌旁坐下。他从兜里拿出半张从日记本上撕下来的纸递给我，我也把自己的那半张给了他。他有一双略带哀伤的金鱼眼，头很大很重，圆脸，看上去和他蜘蛛步足一样细长的小手非常不搭，就好像这双手根本不属于他似的。他会是一名警察吗？也许是，也许不是。在开口说话之前我们等了好一会儿，他看着我，我看着他，最终是我打破了沉默："听着，我仔细考虑了很久你们的提议，但我还是决定不接受这项工作。"

他皱了皱眉头，脸上一瞬间露出了失望的神色。我先换上了一副不好意思的表情，然后才继续说下去，假装真心对此感到抱歉。

"你了解我的过去，也知道之前我在抵抗组织里做的事情，对吗？"

"是的。"

"你也知道我是一名犹太人……我并非种族主义者……可他们毕竟是阿拉伯人……"

男人点了点头。显然，他能理解我。

11

1961 年 6 月。几天前，我在回家的路上看见有人似乎在楼外等待，从样貌、着装上来看像是警察。他等待的方式过于自然了。灰色的雨衣加上锐利而狡猾的眼神，让他看起来像一只狐狸。在他发现之前我赶紧掉头，去散了散步，喝了杯咖啡。等回来的时候，他居然还在那里，于是我立刻再次离开。根据弗朗索瓦兹·萨冈（Françoise Sagan, 1935—2004）[1] 的小说《你喜欢勃拉姆斯吗？》（*Aimez-vous Brahms?*）改编成的电影正在大雷克斯 [2] 上映，由英格丽·褒曼（Ingrid Bergman）、伊夫·蒙当（Yves Montand）和安东尼·博金斯（Anthony Perkins）主演，我跟着排队的人群走进了黑暗的放映室。等我再回家时已经很晚，这回那人终于不在了。是我疑神疑鬼？我觉得并不是。在经历了去年的抓捕狂潮之后，对于任何细节都不能掉以轻心。让松组织的所有联络人几乎都入

---

[1] 法国著名才女作家，《你喜欢勃拉姆斯吗？》为其代表作之一。——编注
[2] 大雷克斯（Le Grand Rex），是巴黎最华丽的一家影院，拥有悠久历史和全欧洲最大的放映室。——编注

狱了，没入狱的那些趁还来得及，也早就离开了。因为身份暴露，让松本人、他的得力助手丹尼尔，还有其他一些人，则是通过假证件逃走的。他们去了民族解放阵线的比利时分部，在国外继续他们的活动。从那以后，法国分部就在亨利·居里埃尔的领导下运作，但去年十月，居里埃尔也被警方逮捕，并最终和数百个正遭受折磨的民族解放阵线的战士在弗莱斯纳监狱里会合。

还在旧组织里工作的人并不多，但我能逃脱被逮捕的命运，这绝非奇迹。虽然很不容易，可我一直拒绝随便让人来我的实验室，我始终坚持只能有一个联络人，尽管并不总能如愿，但我一直努力过着远离组织的生活。只不过这一次，我感觉到了危险。有时你必须得提前预判灾难，如果我继续留在这里，套在我脖子上的绳索终究会收紧——那个守在我家门口的人并不是唯一的信号，监视行动很可能已经到了我这儿，因为在审判期间罗兰·杜马斯经常来看我——他当时正在为被指控的法国人辩护——更别说弗朗西斯·让松在被通缉期间还曾乔装来找过我，这还不算吸引了所有媒体注意力的那场审判、《121宣言》，还有乔治·阿诺德的被捕。乔治·阿诺德是因为在弗朗西斯·让松逃跑期间给他做了一次独家采访而入狱的，这件事引发了一系列大规模暴乱，数不清的人集合起来为我们的事业声援。我们也招募了新的年轻成员来替代之前的联络人。其中一些是有担保人的，在来之前还曾针对具体细节接受过秘密训练。一切信息都通过电话，采取预防措施，并使用还没被发现的暗码来传递。

在这个穿灰色雨衣的可疑男子来过之后，我立刻敲响了警钟。布鲁塞尔的领导层也达成了一致，并明确表示：要不惜一切代价规避所有可能导致实验室暴露的风险。第二天，我秘密离开了巴黎，这一次，我必须完全隐藏起自己的身份了，这意味着我将不再独立，伪造证件的实验室也得搬到布鲁塞尔，从现在起我将定期收到一笔"津贴"——和组织里其他成员一样，而且生产费用也完全不用我操心。在最后的几天里组织这场逃离事件，简直就像一场马拉松，有上千件事情需要考虑和安排。首先要解决的是"西班牙人问题"，何塞、卡洛斯和胡安，我在工作之余已经帮了这三个反佛朗哥的西班牙共和主义者好几年，他们每个人刚来我这儿取走一个"盒子"，里面装着橡皮印章、墨水、用来做凸版印章的低熔点金属，还有其他一些工具，好让他们能在我不在时继续工作。

在离开之前我还有大量的空白证件要做，以免在比利时重建实验室期间有紧急情况发生。我的打印机已经不停地运转一个星期了。

眼看着出发前的准备工作就要完成，正当我打算去看看和他们母亲住在一起的两个孩子，十岁的塞尔吉和十一岁的玛莎时，我的联络人珍妮特风风火火地冲进实验室，绝望地想找一把能打开齐尼思锁的钥匙。我给了她十几把钥匙，同时也解释说，齐尼思是安全锁，这些钥匙都打不开。但她不听，在我答应一定等她回来之后，她就和来时一样迅速冲了出去。

一个小时后珍妮特回来了。像我预料的一样，这些钥匙都不管用。她倒在了休息室最大的扶手椅里，双手抱着头，长长地叹了口气。

"不打算告诉我发生了什么事吗？"

"你得帮帮我，约瑟夫。民族解放阵线的一位领导人刚刚和他妻子一起在巴黎家中被捕了，他妻子是劳动总工会的一个官员，好在警察在他家里什么也没发现。但她自己名下还有另一套公寓，里面有组织的档案。如果警察发现了这个住址，就会拿到上百个民族解放阵线积极成员的名单，这些人就将面临被送进监狱的危险，如果警察公布了名字，他们也可能直接被秘密军组织的人杀死。那些钥匙都不管用，我们又不能明目张胆地破门而入，我已经不知道该怎么办了。"

这是我第一次看见珍妮特如此恐慌。这个二十四岁的年轻女孩毕业于高级电影研究院（Institut des hautes études cinématographiques，缩写为 IDHEC），是电影杂志《正片》（Positif）的一名编辑，因为我此前的那批年龄较大的联络人都已经被驱逐，于是她在一年前成了我的联络人。我很快便发现，珍妮特不会因任何事而慌乱。至于她的恐惧，在她被母亲抱在怀里、和一群人一起、跟着向导穿越边境的那一天，就被克服了，他们当天穿过了占领区和自由区之间的分界线。当时一个德国兵突然出现，带着所有家庭通过边界——除了她和她母亲，于是绝望之中她们只能钻进灌木丛。关于这段经历，她还有人们一边大声咒骂"犹太佬！"一边向她妹妹投石块的记忆，让她对种族主义带来的刺痛变得非常敏感，她会永不停息地对抗不公正，而且百分之百绝对投入。我俩的关系如同鸟和羽毛。

"她叫弗朗索瓦女士，她家在三楼靠右手边。"珍妮特一面低声说着，一面在一张纸上潦草地写下地址。在冲下楼去执行另一项任务之前，她在我耳边轻声说道，"谢谢你，乔[1]。总有一天我会为此报答你的。"

从那以后，我一直练习使用撬杠。弄开实验室的厕所门没什么难度，但我在木板上留下了大片难看的痕迹，我需要先找到一种更干脆的方式，然后再尝试着撬开厨房门。也许在撬杠和门之间再插入一个薄铁片就行，我试了一次，肩膀一使劲儿门就开了，上面一个划痕都没有。

又练习开了两扇门之后，我拿了一张准备好的空白法国身份证，填上信息——姓：弗朗索瓦，名：朱利安，这样的话我就可以假装成她弟弟。我仔细地修剪好胡子，去摄影室拍了一张自己的照片，洗成护照照片的尺寸，粘上印花税票，盖好章，然后再把身份证磨损一下做旧一点，好让它看起来不会太新。这时已经九点了，太阳刚刚落山。我看起来怎么样？像贼吗？最好是光明正大地去，这样才不会让人起疑心。我打算明天早上再去，在坐火车去布鲁塞尔之前。最关键的是，我还有些自己的东西要藏起来。我把实验室里所有看起来可疑的东西——凸版印刷感光底片、

---

[1] 乔（Jo），即"约瑟夫"（Joseph）的昵称。——编注

各国证件、印花税票和橡皮印章——都保存在一个大箱子里，然后放进汽车后备箱，车是几个小时前我从一位女性朋友那儿借的。这样的话，如果警察在弗朗索瓦女士的公寓里抓住了我，他们也不会从我家搜到任何东西。被当成一个小偷，总比被发现是民族解放阵线的证件伪造者要好点。我不会把这辆雪铁龙停在太远的地方，靠近卢浮宫路就行了，然后把停车地点告诉我的朋友。如果到第二天晚上都没得到我的消息，她就会过来把箱子取走并交给玛丽-艾琳——她知道该怎么处理。

第二天早上八点，我去楼下小餐馆喝了杯咖啡。靠在吧台上，我听到老板正在和一个满面倦容的老酒鬼聊天。

"你听说了吗？他们又抓住了一个民族解放阵线的婊子。"

老板在顾客面前挥舞着一份报纸，对方冷淡地点了点头。我问老板能不能让我看看，那是一条《法国之夜》（*France Soir*）上的头版新闻，上面有一张弗朗索瓦女士和她丈夫的巨幅照片，她丈夫是民族解放阵线巴黎地区的官员。他们被捕的消息已经上了报纸，我一分钟也不能耽误了。付完咖啡钱，我以一步跨四级台阶的步幅上楼，跑回实验室。两分钟后就出门了，戴着手套，提着一口大箱子跳上了能拦到的第一辆出租车。

当我来到一栋位于奥贝维利埃公共住宅区的小公寓楼前的时候，想要避开前台已经完全不可能，她肯定已经读过报纸了。我只好上前去介绍自己。

"早，我叫朱利安·弗朗索瓦，是住在三楼的弗朗索瓦女士的弟弟。"

为了赢得她的信任，我给她看了看我的身份证，但她什么反应都没有。于是为了试探她，我开始提问。不管她是否会报警，至少我得先搞清楚自己的处境，以及我能给自己争取到多长时间来把事情搞定。

"你听说我姐姐的消息了吗？"

她一脸好奇地盯着我："没。她发生什么事了吗？"

"是的。没人告诉你吗？"

"很明显，确实没人告诉我。是什么事？"

"她得副伤寒住院了，让我来帮她取些东西，但我没有钥匙。而且我想告诉你的是，我打算撬门然后换个锁。"

"噢，好，去吧。你母亲怎么样了？"

"噢，你知道的，上年纪了嘛。"

我上三楼找到那扇门，放好撬杠后轻轻一施力门就开了。房间里很黑，百叶窗都是关着的。我按了下开关，灯没亮，电表上的示数是零。奇怪。这很可能是个陷阱，我没碰电表。因为如果让电表重新开始走的话有可能会触发报警器，惊动街角的警局，那样的话就会有一大群人在楼门口等着我了。不过不要紧，我带了手电筒。

我先换了锁，然后迅速环视了一下这间公寓。珍妮特跟我提过的那个大橱柜就在我正前方。这就是保存档案的地方，但它上着锁，打不开。

我再次撬开了锁，打开手电筒，里面成堆的文件叠放在一起。我随手翻了翻其中一沓，是一些运动分子的名单、住址和他们应该缴纳的款项。另外一沓则是事件和任务报告，上面有每个等级参与者的名字。还有一沓……这是一些在民族解放阵线的命令下加入哈基斯——一个忠于法国的阿尔及利亚军人组织——的阿尔及利亚人的名单。一阵战栗流经我的脊柱。证件、报告、账户、信件，一个文件接着一个文件，组织所走过的完整生命历程在我面前摊开。我得快点了，如果这些东西被警察发现，将会有一场血腥大屠杀。

　　我把所有文件都一股脑儿地塞进一个箱子里，准备离开，但我突然停了下来，像是被某种不祥的预感吓坏了一样。如果这里还藏着敌人眼里的其他罪证怎么办？

　　为了确保万无一失，我检查了整个公寓。果然，我在旁边的一个碗橱里发现了更多的文件，然后是厕所，有几个垃圾袋里装着成捆被撕成四片的文件——这样很容易拼起来，简直就是一场灾难。由于没有办法一次带走这么多东西，我只能在筛选一番后带走最重要的文件，即上面有名单、照片和关键信息的那些。我没碰在碗橱里找到的收音机和来复枪。没时间，也没地方了。走的时候我把门上了两道锁，提着沉重的手提箱下了楼。在楼下我又碰到了那个前台接待员，我塞给了她一点小费，不多也不少。

　　"我暂时把她的小箱子提走了，明天我会让我外甥来一趟，见到他不必意外。我派他过来做点家务，等一切都打扫干净之后，他会把新钥匙给你。"

珍妮特原本让我中午在车站对面的北站啤酒屋里把这些文件交给利维奥。因为还得再筛选一下，所以我迟到了一个半小时。利维奥已经在等我了，他很紧张，脸色因为焦虑而变得惨白。

我坐下来，从桌子下面把箱子推给他："就是它了。"

"我不能拿。"他答道，用脚把箱子推了回来。

"为什么？"

"我是阿尔及利亚学生联盟的一个负责人。他们已经在查我了。"

"好吧，这并不在计划中……那就由我来处理这个箱子吧。不过公寓里还有很多东西，包括文件、来复枪和收音机。"

"我可以派个人去。"

"钥匙给你。"

因为要带着箱子离开，于是我加倍警觉起来。我瞥了一眼手表，去往比利时的火车刚刚离开。

## 12

独立战争已经过去了七年，那段时间秘密军组织的炸弹几乎每天都在爆炸，发生在阿尔及利亚遥远山区里的大屠杀和虐待事件似乎也毫无结束的迹象。1961 年 10 月 17 日，那一天的和平示威最终演变成了一场血腥悲剧 [1]，而在弗莱斯纳监狱里又开始了新一轮的绝食行动 [2]，有越来越多的囚犯参与进来。在我的监管下，位于布鲁塞尔拉罗阿路的实验室当时已交给格洛丽亚·德·埃雷拉——人称"卡蒂娅"——来管理。这里除了负责为组织提供伪造证件外，还做凸版印刷和证件印刷。我需要腾出精力来应对一

---

[1] 在一场由警察局长莫里斯·帕庞下令实施的抓捕行动中，巴黎警察把枪口对准了聚集在塞纳河边的三万名民族解放阵线的支持者。因为后来帕庞下令销毁了所有记录，所以具体伤亡数量至今仍有争论。1998 年，因曾经协助运送超过一千五百名法国犹太人到纳粹的死亡营，帕庞由此犯下反人类罪，被判处十年徒刑。——原注

[2] 1961 年 11 月，约四千名被关在法国监狱里的阿尔及利亚人开始了一次为期十九天的绝食行动，为了抗议自己明明是因为政治原因而被抓捕，政府却把他们和一般罪犯关押在一起。在红十字会向他们保证会对他们进行单独管理后，绝食抗议行动便中止了一段时间。但当后来他们发现自己的要求并没有得到满足时，便又重新开始了绝食行动。《纽约时报》在一篇 1961 年 11 月 20 日发表的报道中称："自 1956 年起便被法国关押的穆罕默德·本·贝拉和其他四名阿尔及利亚反抗组织领导人已经发誓要绝食抗争到底，直到重获自由，并被允许参与阿尔及利亚的和平谈判为止。"——原注

个完全不同的任务——如果政府坚持拒绝开启协商，那就让法国遍布假钞，从而使经济变得不稳定。这个主意已毫不新鲜，简单来说就是经济勒索，是一个为加速终结民族敌对情绪而采取的更为极端的行动。不过如果真要这么做的话，则必须让一切都变得可信。付诸行动吧。

之前曾经有过一次尝试，第四国际的领导人巴勃罗曾在荷兰召集过一批有经验的印刷师。但他不知道的是，有一个人已经被荷兰情报机构的密探盯上了，他们才刚开始印假钞就被警察一网打尽。

毫无疑问，这次不能再像个见习魔术师那样随便逮到一个人就合作了。的确，我的实验室没法像国家印钞厂一样印得那么快，但也没差多少，我也能在一周时间里印出来一纸箱一百法郎的钞票放在储藏室里。只有丹尼尔、奥马尔和卡蒂娅参与了这件事，我们没有定具体的目标，只要战争没结束，我们就会一直印下去——这就是我们的计划。

去往比利时开始新生活，这是一个相当情绪化的决定。为了清空弗朗索瓦女士的公寓，我比预期时间整整晚了二十四个小时才到达布鲁塞尔。最终，我只来得及在走之前，把装满档案的手提包和其他可疑的东西一起，藏在摄影工作室阁楼的柜子里，然后让玛丽-艾琳安排人寄给我，所以我只能坐第二天同一时间的列车出发，又因为没来得及和孩子们吻别而感到十分心碎。

当我到达布鲁塞尔的见面地点——一幢精装公寓时，所有人都感到很意外。我在那儿见到了民族解放阵线法国联盟委员会主席奥马尔·布达伍德，他自1957年起就在领导这个组织，这是我第一次见到他。珍妮特也在，正因为想到我可能已经因她被捕而在不停地抽泣着。还有卡蒂娅，她随后将成为我的得力助手以及伴侣。我的出现仿佛一个奇迹，让每个人都长舒了一口气，就好像我刚刚和几百个名字出现在档案文件上的民族解放阵线积极分子一起死而复生了一般。

这次会面给我和奥马尔带来了无法掩饰的喜悦。一直以来我都听人们对奥马尔的领导能力赞赏有加，我很高兴地发现他确实名不虚传，作为一名伟大领袖，他身上散发出的稳重、聪明和敏锐的判断力使得他名声在外。而我在抵抗组织的过往，曾经的秘密工作经历，尤其是我身为一名犹太人在帮助阿尔及利亚人这件事上所表现出来的热忱，都赢得了他的尊敬。

几个星期以来，我一直想重新开始制造假币。在一次和奥马尔独处时，我向他提出了这个计划，他表现得不是很热情——尤其是在荷兰的那次惨败之后。虽然那次行动确实失败了，但我认为这个想法本身是好的，值得仔细考虑。我把自己对这场无止境的战争的看法告诉了奥马尔。如果接下来的几年里状况没有任何好转，考虑到地中海两岸人民间日益增长的仇视情绪，我们应尽快放弃任何维持法阿友谊的天真幻想。我觉得所有办法我们都试过了：武装抗争、外交协商、学术宣传、政治辩论、拒不服从……而且我很担心秘密军组织的暗杀会引发同等暴力的回击。到现在战事都没有蔓延到法国本土，完全是靠我们的组织的干预，尤其是弗朗西斯·让松提出的一些争议。还有一次是在 1958 年，作为对四年战争的回应，民族解放阵线法国联盟计划开展一系列针对法国本土的攻击，是弗朗西斯最终说服了奥马尔把攻击目标局限在军队、警察和工业领域。作为一个和平主义者，我认为"造假钞"是一项绝佳的计划：既能把人们从暴力的旋涡中解救出来，同时还能向政府施加压力。长达七年的冲突不可能不对国库产生影响。政府会冒险让本来就风雨飘摇的经济变得更加羸弱吗？最终，奥马尔没有反对，于是我们决定开始行动——当然首要任务还是伪造证件。

对于需要频繁穿越国境的人来说，比利时可算得上是一处温馨港湾。当地法律只要求停留超过三个月的外国人进行居留登记，所以每三个月我们都会搬家、换身份证，这样一来就根本不用去警察局。很多决议都是由组织内的最高领导层在那儿做出的。联盟执行委员会的五位成员：主席奥马尔·布达伍德、负责行政的卡杜尔·拉德拉尼、负责媒体和情报的阿里·哈龙，武装部门——也就是人们口中的特殊组织——负责人赛义德·巴济济，以及财政主管阿卜德尔卡里姆·索依奇——他之前至少一个月来一次比利时，如今则更加频繁。

由此可见，让松组织的许多前成员之所以在比利时躲了好几年绝非偶然，因为在那里，抗争依然可以继续。弗朗西斯的助手丹尼尔就从未放下过制订逃生路线的职责，自从法国境内的工作被居里埃尔的助手取代后，他现在负责所有跨境路线。比利时组织在这群勇敢无畏的女人和男人的努力下运转得相当完美，承担了大部分引导成员穿越比利时、法国、德国、瑞士和意大利边境的工作，哪怕我不得不在凌晨四点临时安排一些紧急的制证任务并把必要的文件带过去，他们也毫无怨言。在警察方面，相比于帕庞的法国警察来说，比利时警察表现得十分平静，我从没感觉自己被跟踪过。但平静也是有欺骗性的：当你打开车门、收到包裹时，都须得小心炸弹。秘密军组织的血腥袭击已经不仅在法国境内了。

到达布鲁塞尔之后，我一分钟也没耽误，马上从零开始搭建实验室。一开始商定的是由卡蒂娅来协助我，因为她是个超现实主义画家，也接受过艺术品修复方面的训练。作为一个美国人和坚定的共产主义者，自让松组织成立之初，她便开始在这里工作了。为了逃离麦卡锡主义[1]，她和几位朋友：曼·雷[2]、安德烈·布勒东[3]，乘坐同一艘船来到了这里。我来之前她一直在帮我物色办公场地，最终在比利时组织的一对夫妻那儿找到了，夫妇俩和孩子们住在一套大公寓里，他们腾出了一个房间供我们使用。我们会

[1]　麦卡锡主义（McCarthyism），是 1950—1954 年由参议员约瑟夫·麦卡锡（Joseph McCarthy）提议发起的一场针对政府工作人员及高校、科研组织中所谓"共产主义者"的声势浩大的行动。在这场行动中，有数百名美国人被指控为共产主义者或其同伙并被迫接受审讯，很多人为此丢掉了工作甚至入狱。——编注
[2]　曼·雷（Man Ray, 1890—1976），美国摄影师、画家、电影制片人，是欧美达达主义的领军人物。——编注
[3]　安德烈·布勒东（André Breton, 1896—1966），法国诗人、散文家、文学评论家，超现实主义创始人，1924 年发表的第一篇《超现实主义宣言》奠定了这项运动的原则和理论基础。——编注

在早上他们离开家之后过来，晚上在他们回家前离开。不到两天时间，我就成功建起了一个设备齐全、运转良好的实验室。我带了一个小的放大机，把它改造成了复印机，用来制作模板。我还让组织给我买了一个手压泵，与我在尤内尔路的实验室里那台用来打印文件的巨型"石版印刷机"相比，这就是个小不点，它需要一张一张操作。我为平版印刷和凸版印刷各制作了一张照相感光版，离心机也不再像抵抗运动时那样是用自行车轮子来制作的了，这一次，我用的是一台每分钟七十八转的电唱机，在里面额外装了一条传动皮带用以调整速度。

不过很快，我们又不得不再次搬家，组织里的一个同志帮我们在拉罗阿路租了一个大房子。过了很久我才知道，那里曾是红色管弦乐队 [1] 在比利时的前哨。在那里，我们终于可以开始印假钞了。

我选择的是面值一百元的新法郎，光是这样，数量就已经很可观了。我需要研究纸张的构造、重量、硬度，用力拉扯时发出的噼啪声，还有摸上去的手感。我在挨个儿检查批发商的存货时，偶然间发现了一种和这种纸币非常类似的纸张，只需给它上一点点色，然后用酒精走一个染色流程就好，这样纸张在浸泡时就不会太过膨胀，看上去和真正的纸币完全一样。

之后，我会把自制的特殊滚筒印刷机设置得非常紧，好让从

---

[1]　红色管弦乐队（l'Orchestre rouge），"二战"期间由利奥波德·特雷佩尔（Léopold Trepper，1904—1982）发起建立的苏联反纳粹间谍组织。——原注

里面出来的纸张变平滑，这样就算完成了。钞票上的拿破仑穿着深绿色夹克，上面有黄色条纹和深红色衣领，眼睛紧盯着凯旋门。数字部分的黑色墨水稍微凸起了一点，四周全是装饰线条和繁复的花饰，玫瑰花图案和各种花束互相缠绕，以明显不同的颜色来进行区分。墨水和染料的选择让我十分头疼。最后，我分析了一些不同致密程度、不同颜色的水印，经过几周的分析测试后，我完成了一些结论性的试验。慢慢地，做好的钞票开始在储藏室里堆积起来：一开始只能装满一个小纸箱，然后是两个、三个……

那是一个普通的傍晚，卡蒂娅边打哈欠边揉眼睛，只需把最后一张照片粘到驾照上，我们就可以回家了。因为最后时刻来了个紧急需求，我们前一天晚上几乎没睡。丹尼尔深夜上门来，说要两张身份证和驾照，之后由塞西尔·马里昂（绰号"玛莉娅"）穿过森林，把这些连夜送到法国边境。于是我大半夜又回到了实验室，卡蒂娅和我一起，因为她不想一个人待着。我们一做完证件，就立刻交给了玛莉娅。她刚在等待时睡着了，现在正睡眼惺忪地向我们打招呼，笑容一如从前。在接下来的五年中，玛莉娅始终不遗余力地帮助我们。她有一头金发，长着天使般的面孔，所以无论走到哪儿都通行无阻，组织靠她完成了许多联络工作。她还得再等一个多小时，得到凌晨三点才能出发，我们提议留下来陪她，这样可以帮她保持清醒。

就在我给身份证上的照片打完最后一个孔时，卡蒂娅给自己点了支烟，然后叹了口气。

"我去外面等，我得呼吸点新鲜空气。"她一边说一边穿上大衣。

在关掉所有灯之前，我像每天晚上一样打开了储藏室的门，迅速看了一眼自己与日俱增的产出。装满了紧紧包在一起的百元新法郎钞票的盒子，加起来已经超过了一平方米。现在总面值有多少了？坦白讲我也不知道，因为从来没数过。我锁好门，然后离开。每天晚上我们都会走路回家，享受一天中最后的一点光亮。就在几天前我们刚刚换了新的假身份，搬了第四次家——想要继续待在比利时而不被发现，这是唯一的办法。我们的新家是一个不起眼的带家具的公寓，透过窗户可以俯瞰萨布隆区优美的景色。我们一到家，卡蒂娅便立刻拧开了收音机，在衣架上挂好夹克和包后就倒在了沙发上，点燃了一支烟。但就在这时，她突然呆在那儿，屏住了呼吸。收音机发出一阵刺耳的巨响，"历史性的一天"，里面的记者一直在重复这句话。1962 年 3 月 18 日，《埃维昂协议》[1] 刚刚签订——双方宣布停火，阿尔及利亚独立了。这些年的努力终于有了收获。卡蒂娅紧紧地盯着我，眼神释然，松了一口气。我们身处的这座城市很平静，几乎完全没有动静，没有欢呼，甚至连北非女人们特有的表示欢欣的叫喊声都没有。布鲁塞尔没有庆祝阿尔及利亚的独立。

在我们的新家里也没有庆祝，但我们很高兴。

---

[1] 《埃维昂协议》(*Évian Accords*)，又称"阿法协议"，是法国承认阿尔及利亚独立的协议。——编注

我的第一反应是冲到电话旁，给我前妻珍妮打电话，好能和孩子们说说话。我等这一刻已经很久了！上一次见他们还是两年前。拨号时，我的手都在颤抖。珍妮接起了电话，从听筒里传来玛莎和塞尔吉的笑声，他们正在附近玩儿，似乎就在我的耳边。我长长地解释了一通，然后当我问她能不能行行好，让孩子们来我这里时，珍妮说了一句让我终身难忘的话："我们以为你已经死了，阿道夫。但我知道，如果你还活着，一定是在做一些好事。"

　　"那些假币呢，后来你是怎么处理的？"

　　你觉得呢？一把火烧掉了。我们从没想过把这些钱挪作他用，况且你也明白，当时我还没蠢到想要清点这笔钱。我们之前是打算让它流入市场——如果战争一直继续的话——在那种情况下我们是会数清楚的。但不管怎样，我希望永远都不会走到那一步，如果这场冲突最终能用外交方案解决的话，我们会更加自豪的。

　　钱总是不可避免地会引发大问题，一旦涉及钱，就会有麻烦。我无条件信任卡蒂娅，她也是唯一一个知道假钞藏在哪里的人。但信息可能已经遭到泄露，或许有人在听了我们的聊天后便猜到了我们在做什么。钱会引发贪婪，从本质上来讲，即便是那些你认为最诚实的人，在金钱面前，他们的忠诚也会动摇，思想也会腐化，太早数清楚有多少钱则无异于让自己走上绝路。在我们开始这项印钞计划时，有些事情就已经引起了我的警觉，随着时间一天天过去，身边一些人的行为也发生了转变。举个例子来说，我记得组织里有一个女人突然就和我走得很近，这在我们认识的四年中是绝无仅有的。怀疑一切让人感到身心俱疲，所以看到这些钱被处理掉我很高兴，因为我终于能放松下来了。

不要觉得把钱烧掉是件简单的事——纸要烧起来确实容易，但也很容易熄灭。我们花了几乎一个月的时间才搞定，因为实在是太多了。在卡蒂娅的帮助下，我在组织内部一个比利时朋友家中的院子里挖了一个坑，这样就可以每天一小捆地把它烧完，那段时间我们像是生了一堆永不熄灭的篝火。我看着一整年的工作成果消失在烟雾里，望着纸币在火焰中燃烧，感到十分开心。我为重获内心的平静而狂喜，当晚便喝得烂醉。

## 13

1963 年夏天，我又回到了法国，当时正好是阿尔及利亚停火一周年。战争结束了，但我的工作并没有结束，我们还得确保仍在地下工作的组织领袖和成员的安全，让他们能通过别的路线穿越边境，之后我们还得变卖一切财产——工作场地、公寓、车辆，烧掉可能暴露身份的材料，抹掉我们所做的"违法行为"的每一丝痕迹。我们用了整整一年才做好这一切。

我知道很多组织前成员都去了阿尔及利亚参与重建，但对于当时的我来说并没什么理由要加入他们。该做的都已经做完了，阿尔及利亚获得了独立，而且我认为那里的政治状况如何与我无关，更何况他们之前的革命领袖为争夺权力而进行的同族相杀早就把我吓坏了。反殖民主义的斗争一胜利，他们自己人就又打了起来。更糟糕的是，我为哈基斯的悲惨命运而深感震惊。阿尔及利亚政府的态度让我十分生气，他们竟然允许针对哈基斯的大屠杀发生。但更让我愤怒的是法国政府不道德的姿态：当知道未来会遭受厄运时，竟然如此胆小地直接抛下他们不管不顾。

卡蒂娅也想回法国。我们从组织里一个比利时朋友那儿借了一辆车，秘密穿越了边境。坦白讲，我用真名旅行没有任何风险，不过我之前是非法逃离法国，证件也都还在尤内尔路的实验室里。相比之下，卡蒂娅的情况要更加复杂，她在法国依然面临着指控，就像悬在头顶的达摩克利斯之剑。之前让松组织分崩离析时，她本该像其他人一样被关押候审，多亏了她的美国国籍让她暂时被释放。由于对终将到来的裁决和服刑不抱任何希望，我们决定，让她和弗朗西斯·让松一起即刻离开法国，经由瑞士和德国去往比利时。她用假证件穿越了边境，还戴了好几顶假发。因为她的照片早已登上了报纸头条，文章标题大而显著："那些民族解放阵线里的巴黎女人"[1]，她在文章里被形容成组织的招募官。由于判决出来时她已经不在法国了，她成了那批被逮捕的女人中唯一没被送进佩蒂特·罗凯特监狱的一个。

我重新回到了尤内尔路的实验室。那里的房租我一直都在付——通过玛丽－艾琳来转交，因我长期不在反倒方便了佩蒂特先生，他把餐厅当成了办公室。我回来后，他很担心自己会被赶走，不过正好相反，这里地方大到足够让他也留下来，而且看到一切在他的安排下井井有条，我既惊又喜。我重新启动了自己的摄影公司，再次成了一名摄影师，我的那些藏了很多宝贵东西的盒子也都完好无损。卡蒂娅和我搬进了一套小公寓里，我也把回来的

---

[1] 《巴黎新闻》（*Paris-Presse*），1960 年 2 月。——原注

消息告诉了家人、朋友和客户们。

关于我的消失有两种说法：那些一起参与过行动的人知道真相；另一部分人则以为，跟玛丽-艾琳分手后，我需要离开巴黎一阵子好忘记她，因此去德国爱克发公司[1]工作了。

这个夏天天气很好，人们都出去度假了，此时的巴黎很安静，景色就跟明信片上的一样。当时女孩们流行顽童式的短发，男孩们则流行穿花花绿绿的裤子。战争以及一切忧愁都被我们抛在脑后。我很高兴回到这里，在洒满阳光的街上、岸边和花园里漫步，用相机让这几周的宁静变为永恒。

但卡蒂娅却过得很糟糕，她正饱受一种我称为"战争后抑郁"的症状的折磨，很不幸的是，我对这样一种深重的心神不宁已经毫不陌生，因为每当一段抗争结束时，我都会经历一次。这段秘密的时光留下了难以磨灭的痕迹，它在你身上留下的深深的烙印，不可能轻易就忘掉。当你已经学会以生命、自由做赌注，与恐惧相伴，经历过各种或危险或浪漫的冒险，总是处于高压之下，并已经准备好为你认为是最纯粹的事业献身之后，再想重新融入社会就将是一次痛苦的折磨。

卡蒂娅发现自己再也不能画画了，她感觉没有创作激情，也无法再为任何一件小事而满足。她觉得自己孤单又无用，那种地下工作期间典型的夹杂着恐惧的愉悦感，已经彻底消失了。日常

---

[1] 德国爱克发公司（Agfa），是位于德国柏林的一家相机及摄影器材制造商。——编注

生活看上去索然无味，毫无意义。她陷入彻彻底底的忧郁之中。

我再怎么在她身边想尽办法安慰她、逗她，都没用，无论我做什么或说什么都没法让她感觉好一点。

尽管我们相爱，但她依然记挂着薇拉——她仍旧被关在罗凯特监狱里，可是鉴于她自己的情况也不乐观，所以根本不可能去看薇拉。

她一点也不想出门，不想让大家看到她失魂落魄的样子，尽管老朋友们再三邀请，她却始终无动于衷，她也不再参加超现实主义画家们的聚会了。下定决心独自承受这忧郁的重担之后，卡蒂娅就把自己内心的煎熬全都埋进了威士忌酒瓶里，如果不喝干最后一滴，她是睡不着觉的。

我能理解她，但与此同时，也觉得自己对她毫无帮助，于是我决定把自己关进实验室，用工作当解药。我已经在计划未来——这一次是自己的。我想把从解放运动开始时照的数千张照片洗出来，然后展出，成为一个此前我的政治追求一直拒绝让自己成为的艺术家。为什么不呢？我的盒子里满是无与伦比的照片，只等着见天日。当时我三十八岁，朋友们都已经在各自的领域崭露头角，之前我一直没考虑过要成就一番自己的事业，现在我觉得时候到了。

回来后没多久，那些反佛朗哥的西班牙人从朋友那儿得知消息后就赶过来看我了。我知道他们总会找上门来，但没想到会这么快。离开前我曾给他们上过一堂简短的课，当时希望他们之后能做到完全自给自足。不过，一个好学生还不足以成为一个出色的伪造者，后者需要持续不断的研究，因为证件本身一直在变。另外，一个人也没办法只靠身份证过着隐姓埋名的生活，你还得有一堆其他的证明文件：从驾照到地址证明，比如电话费或者电费单。

训练课程将再次开启，这一次的时间安排会非常严格。共产党员何塞、托派分子卡洛斯和无政府主义者胡安，他们三个都很聪明，没问我这两年去哪儿了，但因为各自的政见不同，他们仍然拒绝见面或共事。而我只想尽快完成给学生们安排的训练课，好让自己能完全自由，更重要的是，这样一来他们就能帮助西班牙尽早摆脱令人讨厌的佛朗哥政权了。当然，这一次我不想再牺牲自己的自由，以后也是如此。因为我遇见并熟识了一位杰出的人，往后我将同他共患难。

那是九月中旬的一个下午，我不知道是否是机缘巧合，但这天的确很不寻常，有好几位客户同时挤在我实验室外面的等待室里。我说的这个"不寻常"的人是个中等身高的男性，肩膀很宽，微胖，留着浓密的黑胡子，就像歌手乔治·布拉桑（Georges Brassens，1921—1981）一样。他是最早来的，却向我保证说他并不着急，礼貌地坚持让我先接待其他人。他掏出随身携带的报纸，耐心地坐在前厅的扶手椅里等候。

当最终只剩我们两个人时，他站起来伸出手。"我叫斯特凡那。"他说，"是珍妮特派我来的，我想和你聊聊。"

让他用自己的名字做自我介绍，这应该是我之前联络人珍妮特的主意。随后他便用"你"（tu）来称呼我，暗示他属于民族解放阵线的互助小组。我把所有门都锁紧，这样就可以聊一些真正重要的事情。

简单介绍一下"斯特凡那"。真名乔治·马泰，三十多岁，科西嘉人，来自一个在游击抵抗小组里很活跃的共产主义家庭。他是在阿尔及利亚服的兵役，在那里，军队教会了他"如何杀人"，随后像其他同辈人一样，他再次被征召去阿尔及利亚"维和"。作为一个坚定的反军国主义者，他在那些重新被征召的人游行时成了领袖，因为他支持阿尔及利亚和平的喊声比谁都响亮。后来，军方高层把他和其他一些"刺儿头"一起送去了大卡比利亚的战争区。他在那儿目睹了一系列虐囚事件，回法国后便想要把它们公之于世，于是他在《摩登时代》杂志上发表了一篇文章，题为"卡比尔日记"（"Jours kabyles"）。

作为一名记者，他与萨特和西蒙娜·德·波伏娃（Simone de Beauvoir）的关系很好；出于对自由和平等的坚定信念，1959 年让松组织解体后，他负责规划了居里埃尔组织的物资外送路线。他的超高效率让他成了亨利·居里埃尔的左膀右臂，一直到停战。

马泰和我彼此交换了对阿尔及利亚的看法。他曾经在 1962 年去过那里，知道那儿是什么样，但对于留在那里做一个"红脚"[1] 毫无兴趣。他觉得重建是阿尔及利亚人自己的事情，作为法国人

---

[1] "红脚"（Pied-rouge），代指在阿尔及利亚获得独立后去到那儿的左翼人士，与"黑脚"（Pied-noir），即在阿尔及利亚定居的法国人相对。——原注

加入他们，会让人有种不适感，仿佛是在以一种隐秘的方式参与殖民。

在很多问题上我们都能达成共识，而且都对当前原教旨主义潮流引起的紧急情况表达了担忧。不管怎样，我们知道，一个国家在被殖民了一百三十年后，需要时间来重构自己的身份，我们对阿尔及利亚的未来很乐观。

他告诉我非洲解放运动已经在阿尔及尔设立了自己的办公室，背后有阿尔及利亚政府的支持，居里埃尔也通过自己的组织从法国帮助他们，地上地下同步协作，负责协调的人就是斯特凡那。虽然他很热情地接受了任务，但马泰拒绝加入居里埃尔的组织，一方面他想保持独立，另一方面也是因为政见不同，尤其是在居里埃尔已经站出来支持本·贝拉[1]之后。自那以后两人之间的联系就淡了，不过他们的合作还在继续。

此外，马泰也不仅关注非洲大陆，他同样关心南美的革命斗争，1961 年第一次去古巴时，他就已经和许多南美革命领袖建立了联系，尤其是在阿根廷、委内瑞拉、巴西、智利和多米尼加共和国。

我喜欢这个留胡子的男人，毫不做作，从不故弄玄虚或夸夸其谈。他不属于任何党派，独立于所有组织之外——这更让我感到放心，因为中间出现过数不清的失误，仅仅是民族解放阵线互助小组这一个组织当中，被逮捕的人数就已经破了纪录——他身上

---

[1] 本·贝拉（Ahmed Ben Bella，1916—2012），阿尔及利亚革命者，后来成了阿尔及利亚首任总统。——译注

有三个与众不同的特质：严肃，忠诚，坚信普世人权。他人很可爱，视野很宽阔，对国际政治也十分了解，我们常常能聊到深夜。当然，我也很清楚，他来找我并不是为了列出一个抗争清单去解放世界的，但他依然很有礼貌，丝毫没有表现出心急的样子。直到很晚他才解释说，他刚刚从多米尼加共和国回来，那里的政治危机很严重，在经历了三十年的残酷独裁后，新的民主政权还没来得及建立，就再次被军事政变推翻，国家被战争弄得四分五裂。通缉令上的最高级别领袖只得逃往国外，革命者被迫涌入山林里去组织武装斗争，军方放出话来，将会处决每一个反对新的独裁政权的人。为了存活下来，不管是逃离还是战斗，他们都需要证件。

我毫不犹豫便答应帮助多米尼加人，但也明确表示希望我们之间的一切能清清楚楚的，必须得满足一些具体的条件。我坚持说我只能有他一个联系人（也就是他本人），而且要和组织完全隔离，我事先警告他说，我决不接受任何其他中间人或密使提出的要求，不管是谁。坚决避免打电话，至少是能不打就不打，我们只能在实验室见面，为了避免警察窃听电话，任何约定在城里见面的通话都必须使用"一刻钟暗码"，用来指代三个小时或一到两天的间隔：约在正午见面的意思是下午三点，六点见面则是指晚上九点，"差一刻"的意思是前一天，"几点半"是指约定日期的两天后。除此之外，如果他要和组织里的任何其他人见面，当天都不能再来找我。最后，也是我最重要的一个条件，就是我们之间不能有金钱往来。我明确表示拒绝一切付款，并保留对任何一个需求说不的权利。

如果对接到的需求产生了哪怕一丁点疑虑，我都不会往下进行。

由于马泰自己也有对组织说不的权利，所以我从来没回绝过他的请求。

一开始我以为只会偶尔见见马泰，但事实证明，我错了，全世界的人都在为他们的自由而奋斗，在多米尼加人之后还有海地人，然后轮到了1964年军事独裁下的巴西人，随后是1966年在哈瓦那举行的亚非拉三大洲团结会议，会上成立了拉丁美洲团结联盟（LASO），马泰担任了他们秘密互助小组的负责人，在法国支持他们的革命斗争。在拉美团结联盟的帮助下，阿根廷、委内瑞拉、萨尔瓦多、尼加拉瓜、哥伦比亚、秘鲁、乌拉圭和智利的革命运动协同运作，形成了一场与莫斯科路线恰好相反的拉美革命。

所以，慢慢地，这些国家都被加进了我的清单，但这还不是全部，因为通过居里埃尔组织，马泰还在协助南非的反种族隔离运动，接下来是几内亚、几内亚比绍，还有安哥拉，这些葡萄牙的殖民地也在为各自的独立而战斗。1967年，马泰还联系上了美国一些拒绝参加越战的和平主义组织。由于这也是我当年不想参与印支战争而离开法国情报组织的理由，所以我很能理解他们，马上答应给所有需要证件的人提供假证件。我不得不说，数量真的非常多。

然后就到了1967年，我已经给来自十五个国家的士兵提供伪造证件了，但这和接下来几年——一直到1971年——的工作量简直没法比。

重新开始如此高强度的文书伪造工作，毋庸置疑地意味着我艺术理想的终结。由于拒收组织的钱，我必须得找其他方法来谋生，于是我白天当摄影师，晚上做伪造者。我的公司账户上的数字一直是红色的，每到月底我都得算一笔可怕的账，与此同时我的私人生活和家庭也是一团乱麻，我周末常常没法履行带孩子们出去散步的诺言，哪怕知道他们已经为此等了好几个小时，我也永远无法解释原因。我有成千上万不能泄露的秘密，因此只能尽量少说话，以免因为编造了太多谎言而将自己困在里面。从抑郁中恢复的卡蒂娅最终还是离开了。之后我认识了莉娅·拉康比，她是皮特·舍费尔在法国广播电视公司的助手，我们一起搬进了查尔斯·波德莱尔路的一间新公寓。但是又一次，我昼伏夜出的秘密工作可能与她想象中的大相径庭。虽然在我的感情生活里总是充满误解，但和莉娅在一起时，情况简直糟糕到了极点，我明明是在工作，她却觉得我在到处风流。我没法让她甩掉这些念头——就算是为了保护她也没法让她知道那些秘密，当她独自一人在家等我到深夜，眼里满是泪水和责备时，我也没阻止她去想此刻的我正躺在另外一个女人的怀里。我会跟她说我在准备自己的展览，尽管她连一张底片也没见过。

　　不过和她在一起时，我的思绪也的确总是飘向远方，虽然不是像她想象的那样。记得有一天，我的沉默终于让她爆发了："我和你聊了半个小时，你却在这儿发呆，没有一点回应。你到底在想什么？"

我的回答很简短："在想安哥拉。"

"你在和一个安哥拉女人交往吗？"

各种不愉快、争吵、泪水和误解。

我的秘密总是会导致这样的问题，我永远都无法调和自己的感情生活和那些违法的事情，除非我的另一半也在组织里工作。此外，没日没夜的工作已经把我累垮，我没有一天假期，也从来没有空闲时间。坦白讲，我并不是一个值得追求的人。

**"你从没想过放弃这一切吗？"**

实话告诉你，有好几次我都因为这些事情而感到疲惫不堪：这些牺牲，所有如履薄冰的工作，还有那些为了支付账单而无眠或只能抽空睡两个小时的夜晚，以及永远得保持警惕并确认自己没被跟踪；不仅没法享受陪伴孩子的时光，还不得不让爱我的女人备受折磨，同样是出于爱，她们却总是被我的秘密困在极端的孤独之中。但一想到那些生命掌握在我手里的陌生的男男女女，哪怕只有一秒，我就会立刻停止自怨自艾。我的感情生活、我的事业、我的舒适和我的快乐，对于拯救一个正处在危险中的生命而言，一点都不重要——因为我一直记得，就在我要毁掉自己时，第六部的那些人把我从死神面前救回来的样子，那些画面永远地刻在了我的脑海里。

莉娅正在生闷气，但她依然很美，我刚刚告诉她我们计划好的周末乡村游要取消了。她抱怨着拧开了收音机："我再也受不了我们之间这该死的沉默了。"不过我觉得她其实是想听游行示威的新闻，那是 1968 年 5 月，她的儿子，快满二十岁的帕斯卡尔也在游行队伍里。电台报道了游行队伍与警察之间的冲突，年轻的学生们为争取性解放，一面高喊富于节奏感的口号，一面往街上丢着鹅卵石，看起来很让人振奋。工人们在法国街头竖起越来越多的尖木桩，这让我对这场运动更感兴趣了。

电话响了，莉娅比我抢先一步拿起听筒。"找你的，是斯特凡那。"她说着，显然松了一口气，因为来电话的不是女人。

电话另一端，马泰约我第二天晚上八点四十五分在马提尼克人朗姆酒吧见面，实际上是今晚六点在丁香园咖啡馆见。我穿上大衣就出门了。

到了那儿以后，他点了一杯啤酒，而我像往常一样要了白咖啡，他想知道我对一次不同寻常的需求的看法。

"告诉我，如果一个小伙子需要假证件只是为了嘲笑警察，甚至希望自己被逮捕的话，你会怎么做？"

"他有生命危险吗？"

"没有。他之前因为游行被驱逐出法国了，现在想回来在一次会上发言，虽然确定会被再次逮捕，但他的目的就是要弄出一个大新闻来。"

"他会冒什么样的风险？"

"会被再次驱逐出境，或者短暂关押，不过这个可能性不大。看，这就是他的最新照片，不过为了这次事件，他已经把头发染成棕色了。"

当我看到照片时，笑了。

"你觉得呢？要帮他吗？"

我答应第二天给他身份证。我还有一大堆事情等着做，如果不是紧急情况的话一般我是不会浪费时间的，但这次是个例外。我回到实验室，把自己锁在暗房里，很快就做出了身份证，因为只需要在已有的空白证件、橡皮印章和印花税票的基础上，想个典型的法国人的名字填上去就好，然后粘上照片，再把证件做旧。

三天后，我去法国广播电视公司接莉娅吃午餐，最近一段时间我对她有点冷淡。我们选的咖啡馆很吵，身边大多数人都在聊着游行和戴高乐的回国，莉娅就在这样一片嘈杂声中，把近来对我所作所为的不满一股脑儿地吐露出来：从来不听她说话，也不回家。我本来是很开心地在顺着她，尽可能专注地听她说话，直到我看到一位年轻金发女子在读的报纸上的一张照片。那是丹尼尔·科恩－本迪特，照片上，一头棕发的他正站在"五一"运动讲台上。我不禁莞尔。

莉娅在我眼前打了个响指，让我看着她："看，你又没在听我说话了。"

"噢，我在听，在听。"

"你在看那个金发姑娘。"

我这辈子所有伪造过的证件里，这一张最受媒体关注，但同时也是最没用的。不过我还是要承认，这是个嘲笑政府的高压政策的绝佳机会，我借此向他们指出，再也没什么能比法国边境更加漏洞百出了，而且要让他们知道，所有人都不拿政府的禁令当回事儿。

最终，让丹尼尔·科恩－本迪特得以在禁止入境的状态下秘密回到法国，成了我对这场五月叛乱的唯一贡献。一方面，作为一个伪造者，我一直小心地藏起自己的政见，我的战斗场所不在游行队伍中间，而是在我的实验室里，在不断涌入的各类需求中；另一方面，虽然人在巴黎，但我的心和想法是同第三世界受压迫的人们在一起的，海的另一端才是最需要我的地方。我也确实希望 1968 年全球反权威浪潮的发酵，能为反抗不平等的斗争注入新鲜血液。我就是在这些巨变发生的背景下最后一次见到了珍妮特。

自她在阿尔及利亚战争期间成为我的联络人起，珍妮特和我之间就一直保持着联系。和马泰一样，她也对古巴革命很感兴趣，1963 年，她本来正在古巴拍摄一部纪录片，但当时军事主义的盛行让她放弃了这部片子，转而自愿加入了一个拉美游击队组织，最终，她加入了瓜地马拉武装反叛军。一开始她只是偶尔去一次，后来去得越来越频繁，而且每次都会带上我做的假证件。

她最后一次来我的实验室是想要一本新护照，她和她的组员正在筹划一次行动，他们想要证明切·格瓦拉（Che Guevara）[1]的牺牲并不会耽误革命进程。我很担心，并试图劝阻她，一开始我甚至拒绝给她提供证件。她用那双深邃、忧郁的大眼睛看着我，脸上带着孩子般的笑，平静地向我说道，不管有没有假证件，她

---

[1]　古巴革命领导人，1967 年在玻利维亚被捕，继而被杀。——编注

172

终究都会去的。于是我非常不情愿地完成了她的请求，随后，她飞去了瓜地马拉。

到了夏末，和往常一样，我依然没钱去度假，每天早上还是遵循不变的模式：一大杯白咖啡、一个羊角面包和一份《世界报》，永远都在同一家咖啡馆。

报纸上说，有一个年轻法国女人在警察来她的寓所敲门时，朝嘴里开枪自尽了，报道里没提名字，但我知道那是她，只可能是她。

她在我面前预演过多少次？已经频繁到数不清了。我们聊天时经常会提到这个，讨论如果她被捕、被虐待了，要怎么坚持住，怎样才能守口如瓶。在珍妮特看来，唯有死亡才能保证绝对的沉默。她本来想用氰化物胶囊，但如果毒性不能及时发作，他们就会把她胃里的东西抽出来，然后再将她带走。朝敌人开枪，好让对方射死自己？太冒险了，她可能只会受伤。不，珍妮特有她自己的办法，也给我演示了好几遍，她伸出两根手指当作左轮手枪的枪管，把它们塞进嘴里，头微微上扬："因为瞄准太阳穴的话有可能会失手。"等时机一到，她便会毫不犹豫地开枪，不给自己时间思考。

放下报纸，我感觉有点反胃，完全吃不下羊角面包。我把钱放在桌子上，没跟老板告别就走了。我本来准备回家，但临时改了主意，因为我意识到现在并不是去见莉娅的最佳时机，最终，我去了实验室。

我为任由自己被她说服并提供了护照而感到非常愧疚，我把自己关在实验室里整整两天，没给任何人开门，没回自己的公寓，也没接任何电话，甚至都没怎么下过床。就算我不停告诉自己，珍妮特一直到死前都在追求自己的理想，对她来说没有比这更好的死法了，也毫无用处。我被她的死亡深深震撼，以至于我始终无法理性接受这一事实。想到自己再也见不到珍妮特了，我发现自己很难为她哀悼，心中反而突然充满了疑虑：我应该继续做我自己的事吗？现在放弃这一切，究竟是好是坏？

但仅仅数周之后，1968 年的墨西哥示威游行就以一场血腥屠杀而告终，警察无比冷血地向数百名学生开枪，报纸报道说，几个小时内便有超过三百人死亡，许多人被逮捕。这些事件一下就打消了我心中的所有疑虑，这就是我一直以来为之抗争的理由。

一周后，马泰带着一本墨西哥护照的模板到实验室来找我，想让我进行大批量的复制。成百上千的通缉犯被迫逃难，他已经做好了为这些人安排住处的所有准备。我们将会为他们打开通往欧洲和自由的大门。

14

到 1969 年为止，我为居里埃尔的组织，以及通过马泰给拉美团结联盟伪造证件六年了，不知不觉间我已经把这当成了一种日常。他们会带着需求来找我，有时很频繁，有时很久都不来一次，一般都会带来一个小包裹，里面装十到十五个证件，有身份证、护照、驾照、学位证明等，各式各样——那段时间我每天都是这么过的。

正当日子风平浪静地一天天过去时，一个普通的夏日里，安妮特·罗杰尔和她的一个朋友来敲我实验室的门。

自从她说服我去见弗朗西斯·让松以后，我和安妮特之间就建立起了一种异乎寻常的亲密关系。阿尔及利亚独立战争期间，她是导致让松组织解体的那几拨逮捕行动的首批受害者。1959 年年底，她和民族解放阵线马赛区的领袖一同被捕，当被关进博麦特监狱候审的时候，安妮特已经怀孕了。由于她本身就是医生，安妮特和监狱里的一些医疗人员偷偷合计着，其中一个当班医生把她的检测报告换成了另外一位重病患者的，然后上交给了专家，后来专家决定将安妮特暂时释放出来。庭审一开始，安妮特就知道等待着自己的是什么，因为巴黎审判的第一批判决结果已经出来了，她的同伴们被判了十年徒刑，她只好躲进汽车后备箱里逃走，一路上蜷成一团以保护自己的肚子免受颠簸。后来，她成功到达瑞士，然后是意大利，最终到了突尼斯，她在那儿加入了民族解放阵线的突尼斯分支，成为国家解放军（ALN）里的一名精神病医生。安妮特缺席了审判，和其他人一样，她也被判了十年徒刑。阿尔及利亚独立后，她在卫生部得到了一个重要职位，在那里工作了好几年。

她上一次来实验室时还喘着粗气，因为要在"两项紧急事件"之间来回跑。当时苏联刚刚入侵捷克斯洛伐克，通过布拉格之春[1]终结了"带有人性面孔的社会主义"。她想知道我是否做好了帮助那些改革者出逃的准备，他们正面临着被拘捕和被杀害的危险。我当然二话没说就答应了。

这一次安妮特的请求是有关希腊反校官独裁的抗争的。和她一起来的女人叫雅克利娜·韦尔多，想要我给她在希腊的抵抗小组提供一些物质帮助。政变发生于 1967 年，自那以后当权者就疯狂镇压任何形式的反抗，关于审查、迫害、监禁、驱逐的传言都已被证实。希腊最近被逐出了欧洲理事会，数不清的支持者和人权捍卫人士在全世界范围内组织示威游行。而我则惊异于自己在

---

[1] 是 1968 年 1 月在捷克斯洛伐克国内开始的一场政治民主化运动，一直持续到 8 月，以苏联入侵而告终。——编注

过去两年里只为居里埃尔组织伪造过很少的希腊证件。

　　"直到今天我们都在靠英国得到伪造证件，但他们那边已经联系不上了。"雅克利娜解释说。

　　雅克利娜是圣安妮医院的一名精神病医生，将近四十岁，她光滑的圆脸一下拉近了我们之间的距离。她紧张地把一小撮刘海儿捋到耳后，然后说道："任何反政府的行动都无以为继，而且我们很担心那些在逮捕名单上的人的安危。"

　　一般来讲，我不会同时做多件事，更别说同时为不同的组织工作了，但因为这次数量很小，我就答应了下来。

　　比起一般证件外面的塑料涂层，希腊身份证的表面覆盖了一层更加柔软的明胶。如果你想拿掉外面一层来修改里面，或者想换上一张新照片，那么整张卡片都会被撕下来。对此，最好的办法是自己做出整个证件。我已经研究完了所有的技术要点，只要她想要，我随时都可以开始。雅克利娜打算用一个足够大的普通女士手包来装身份证，我觉得这个办法可行，还另外给她缝了两个衬里，软一点的在上面，硬一点的在下面，这样就能把证件隐藏起来了。如果有必要，她可以尽可能多地往返雅典，我们可以每次都如法炮制。

　　几天后，雅克利娜在手包里衬装了六张身份证出发去雅典。她刚走两天，罗兰·杜马斯意外地来找我了，跟他一起来的还有一名法律系学生叫斯特凡妮，她很漂亮，而且她自己也这么认为。她沉默地把手插在牛仔裤兜里，似乎很无聊地在看着我和罗兰叙旧。可当她一开口，表情立刻就变得生动起来，她语速很快，声音清晰坚定。她来自一个十分活跃的希腊抵抗组织，由于他们和常规供应地英国之间的联系已经被切断，于是组织委派她尽快找到一个证件伪造者。

斯特凡妮所在小组的首要工作，就是通过在希腊的法希自由协会分支来组织逃离行动，但由于英国的证件伪造者被捕，所以他们的工作也和雅克利娜的一样陷于停滞状态。斯特凡妮不仅需要身份证，还需要护照，而且这次不是一个小数目……

接下来的一周轮到奥雷莉来找我了，她是我和玛丽－艾琳住在一起时娜塔莉的保姆。她在门口遇见了马泰，他是过来向我传达居里埃尔的一个关于希腊护照的新请求的。重新见到奥雷莉我感到很开心，此刻站在我面前的这个女人，有着一头飘逸浓密的黑色长发，精力充沛，已经完全没有了十年前我见她时的那种怯懦与颓丧。当时她告诉我们，自己是因为严重的家庭问题才逃出来的。

玛丽－艾琳和我收留了她，我申请成为她的合法监护人，好让她不会再被送回打她的男人那里，社会服务部门最终认可了由我来照顾她。

直到成年之前奥雷莉都和我一起住，甚至还要更久一点，那段时间我一直在为民族解放阵线伪造证件，她也慢慢意识到，我们在尤内尔路的实验室生产的不仅是照片。然而，我们从来没聊过这件事，她也主动置身事外。直到有一天晚上，当她看到我快被巨大的工作量压垮后，便提议来帮我。那是我即将逃往比利时的前一夜。整个晚上我们都在打印瑞士证件模板，这些都是给组织存起来在布鲁塞尔的实验室建起来之前用的。

那天晚上奥雷莉兴致很好，一边笑一边给我讲着她的新生活，还很高兴地告诉我她正在为电影院做剪辑师，这是她梦寐以求的工作。奥雷莉和一个叫尼古拉斯的男人住在一起，她很想把他介绍给我，但由于手里的工作实在太多，我提议不妨下个月再说。

"但这很紧急！"她急忙说道。

有那么一瞬间我甚至可笑地以为她是想从我这里获得一些来自"养父"的支持，但事实上奥雷莉如此紧急的请求完全是另外一回事。

和她住在一起的尼古拉斯是名希腊革命者，几年前，他来到巴黎学习，现在他把一部分时间用来做舞台设计，另一部分时间用来参与希腊青年抵抗组织，他是这个组织狂热的支持者。看上去似乎是尼古拉斯想要找我帮个忙……

我身边的一切突然都忙乱起来，一夜之间所有人都想要希腊证件，接下来的几个月里客户接踵而至。我得告诉你，和希腊的混乱局势一样，我也没法阻止我的其他朋友、让松组织的前成员来向我求助。很多和我一样曾支持过民族解放阵线的人，都觉得自己对被压迫的人负有责任。一切都混乱得可怕，我门口的敲门声从未停止过，来找我的人中就包括电影制片人马里奥·马雷（Mario Marret，1920—2000），我为他提供了拍摄纪录片《诺萨·特拉》（*Nossa Terra*）所需的胶卷和必要证件——他要去几内亚比绍的丛林里拍摄几内亚和佛得角非洲独立党的叛乱。我已经通过马泰在给几内亚和佛得角非洲独立党伪造证件了，但当马里奥再次来到实验室找我的时候，他还带来了反叛军领袖阿米尔卡·卡布拉尔（Amílcar Cabral，1924—1973）的弟弟，一个叫路易斯·卡布拉尔（Luís Cabral）的混血儿。在葡萄牙康乃馨革命结束，阿米尔卡死后，他于1974年成为几内亚比绍的第一任总统。

由于路易斯此前是非法离境，现在他需要新的证件，并尽快找到安全的住处。这一切都由我来负责，并从此与他开始了一段长期合作，好让抵抗运动的高级官员能在欧洲各国自由出入。路易斯之后是若昂，然后还有很多其他人。我不会挨个儿列举他们的名字，那会花费太长的时间。尽管我一直都小心避免出现多个联络人，但我发现，仅仅那一年，自己已经同时接待十几个客户了。

让一切都继续保持在各自密不透风的空间内进行，最重要的是他们决不能知道我同时还在为别人工作——他们都必须相信自己是"唯一的"——所以只要在力所能及的范围内，我都会把事情安排得井井有条，好让他们不至于彼此撞见。但有时也会无可避免地出现两个人坐在同一间等候室里的情形，但我会确保他们都以为对方只是普通客户而已。

我原本规律的生活现在也变得手忙脚乱，工作量增加、客户变多的同时还意味着风险系数的增长，即便是最微小的动作、最简短的言辞和距离最近的外出行程，都需要格外警惕。我把装有证件的箱子按顺序编好号，藏在另外一些看上去一模一样的箱子中间——那些箱子里装的都是相纸和样片。迪马 - 斯特凡妮的盒子是二十二号，安妮特 - 雅克利娜的盒子是七十八号，奥雷莉 - 尼科的盒子是四十三号……

虽然每天早上九点来，下午五点离开，但佩蒂特先生从没出过他的办公室。我现在一直随身带着那串钥匙，确保在我离开后实验室的每一扇门都是锁好的。由于我的客户并不是普通的"顾客"，他们的需求也不是能随便写到订单簿上的那种，我只能把一切都转化成暗号并用脑子记下来——何时、给谁、多少——而且绝对不能弄混。

要告诉你莉娅最终还是决定和我分手了吗？这次分手是一场漫长的拉锯战，整个过程充满了悲伤和误解，就和我们一直以来的感情一样。

由于再次陷入持续性的警惕状态中，我感觉自己又开始神经衰弱了。我评估了一下目前的状况，作为自"二战"中期起就活跃在这个领域的老一代人，我很孤独。有无数人在为自由而战，但很少或几乎没有人在我这个领域奋斗。如果有必要，我会为每一个生命处于危险之中的人伪造证件，但我也常常会问自己同样的问题：如果到了我不得不停下来的时候，如果我突然出事了，谁能来接替这份工作呢？

于是我开始了寻找替任者的工作。直到这时，我才开始尽一切可能，不怕麻烦地训练徒弟，而不是凡事都亲力亲为。其实很多时候都不用重新做一整张证件，而只需让同伴想办法弄来一张护照，把照片换掉就够了，或者再把日期、姓名、年龄等信息改一下。我的训练方式除了能增强组织自给自足的能力之外，还能减轻我的负担。

我是个很好的老师，也有几名出色的学生。若泽·伊波利托·多斯－桑托斯就是很刻苦的一位，他是革命行动联盟（ULRA）的领袖之一，后来成了一名做军事遣散卡的专家，让许多年轻的反殖民主义者得以脱离葡萄牙军队。奥雷莉的男朋友尼古拉斯也很有做手工的天分，人也机智，总能让我想到自己。如今我知道了他利用自己做伪造者的天赋，救了很多希腊抵抗组织成员的命。两人中的任何一个都能成为我的第一替代人选，但他俩都全身心地投入到了各自的运动和个人事业中去，而不是为一个整体的目标在奋斗。我猜他们既没时间，也没意愿成为一个"职业"伪造者。

我们最终也没走到制造证件那一步。

非洲解放运动在阿尔及尔的办公室经常会派新人过来给我帮忙并接受训练。我会谨慎决定接受或拒绝，选择权在我。我必须提一句，在当时，似乎任何一个要求解放一群人，以及喜欢用陈词滥调进行长篇大论，连篇累牍使用老套革命术语的人，都有望得到来自布迈丁政府的资助。我把和这些人的见面都安排在离住处很远的咖啡馆，由我来提问，并花上很长的时间评估他们，拒绝了那些喋喋不休、经验不足、骄傲自大，或者看上去像是流氓的人……

我花了很长时间来观察和寻找无论是在技术层面还是在道德

层面都足以接替我的人。

"你找到了吗？"

他们中有个人本来很合适，法布里齐奥，三十多岁，很了解印刷，他对万物都很好奇，对在世界各地进行的反抗运动都很感兴趣。我对他进行了十分密集的培训，六个月来，他每周在我这里待两个半天，每次走时还会带一些练习回家做。他聪明，记忆力很好，我们的进展很快，按照这个速度，我估计两年之内他就能完成培训了。

但渐渐地，他的一些态度和说话方式让我起了疑心。法布里齐奥是亨利·居里埃尔的"团结"组织派过来的，但每当我们谈起这个，他都会异常愤怒地批评它。确实不是每个人都喜欢居里埃尔的路线，但随着组织发展得越来越好，自阿尔及利亚独立战争以来他所搭建的结构正变得越来越有效率，而且还在不断扩张。从古到今，所谓政治都一样，一个人或一个组织权力的扩大会引发嫉妒、怨恨、不满和异议，挫伤自尊心，并激起叛乱的念想。

但这些都不是我担忧法布里齐奥的最主要原因。随着聊天的深入，我们越来越了解彼此，我担心的是他的用词，比如"更为激进""反抗到底"或"有损害就有损害吧"。我们开始慢慢听说有一些小的极左组织，像"红军派""巴德尔·迈因霍夫帮"，甚至"红色旅"，他们在当地以游击队的血腥方式作战，我则严厉谴责这一方式。有些时候，很多加入团结组织的年轻人似乎怀有一种不可告人的、想要掌握武器和金钱的期待，他们把流氓当成偶像，却忘记了自己的初衷，这些人最终都会缓慢但不可逆转地滑向有组织的犯罪。

　　法布里齐奥并不是一个罪犯，根本不是，比如说他对钱就不感兴趣。但因为"抵抗"和"恐怖主义"之间的界限有时很微妙，难以察觉，所以我连夜取消了培训，再次回到了所有事情都尽量自己来做的状态，能做多久算多久，总之短期内不会有人来取代我。

15

"你为什么不再做伪造者了？"

一系列烦人的事让我决定不再参与其中。

一切都是从 1971 年 7 月的一天开始的。马泰来到尤内尔路实验室专管彩色和技术摄影的工作区，他耐心地坐在等候室里，像往常一样捋着胡子。马泰是我的老客户，那时我们已经一起工作八年了。他每次一到巴黎就会立刻来实验室找我，然后离开前会再来一次，其他时间他就在第三世界里来回转，他会穿着花衬衫，脖子上挂着个相机伪装成游客，寻找联系人，为解放运动领袖安排秘密会面，组织逃离行动，建立支持组织。总是前脚刚落地，后脚又要马上搭飞机离开。哪里有种族或国家解放战斗，哪里就有他。

我俩有一些小习惯，给他准备好的"包裹"，我都会放在数百个相纸盒子中的一个里，这些盒子摆在暗房靠墙的架子上。属于马泰的盒子就放在第三排货架从下往上数第八层的左手边，看上去和其他的盒子一模一样。

我接到他，带他进了暗房，锁上身后的门。

由于身边总有爱打探的人，担心被偷听，我会先把电台打开再说话，以防隔墙有耳。哪怕佩蒂特先生已经离开，我们也只在音乐的掩盖下小声对话。毫无疑问，是几十年来地下工作的经历让我有了这种条件反射。

马泰这次来是为了取南非的"内部"护照，带给南非非洲人国民大会（ANC），一个南非的反种族隔离政党。这些证件——包括一张身份证和一张警方通行证——对于在南非的黑人群体来说不可或缺。在种族隔离法的制约下，他们在自己的祖国被当作外国人一样对待，黑人们被从城市和白人区驱逐了出去，只能群居在他们最后的保护区——小镇上。这些证件能让他们自由往来于各个区域。

自 1960 年南非非洲人国民大会举行和平示威以来，这个组织就被判定为有破坏性、很危险，并且是非法的，他们的领袖被迫转入地下，因为一旦被捕，南非非洲人国民大会的成员无一例外都会被判终身监禁，比如纳尔逊·曼德拉（Nelson Rolihlahla Mandela，1918—2013），他在 1963 年入狱后成了全球瞩目的焦点。

也正是在 1963 年，马泰第一次找我要内部护照，从那以后这类请求就没停过。

我们过了一遍他当前的需求，马泰给了我一堆名单和各种照片，还说希望下次来时，我能准备好新的委内瑞拉和多米尼加护照。

然后他又提了一个新的需求，问我多久能开始制作南非的"外部"护照。这一次的目的是让大量反种族隔离激进分子与南非非洲人国民大会的领袖们一起流亡海外，从外部继续进行抗争。

我从来没做过外部护照，马泰给了我一个不知道是偷来还是借来的护照样本，等他一走我便开始工作。

我用放大镜仔细检查护照原件，那是一名三十岁左右的南非黑人的证件，照片上的他表情严肃，直勾勾地盯着我。照片的一角盖了个章，墨水渗进了照片上男人的肩膀。这本护照肯定一直装在裤兜里，表面泛着些微油光，右侧比左侧卷得更厉害。护照封面是用一张浅棕色硬纸板简单制成的，用深色墨水压了水印，上面还有一个带徽章的染色钢印，每一页上都有，大概十页。我定好了证件的版式和重量，研究了它的克重、材质还有颜色，以及上面形状不同的深褐色阴影，内页上有水印和嵌在纸张里的线。我分别分析了打印、手写和盖章用的墨水；为了选择合适的针，我还测量了数字上那些小孔的尺寸。

由于没有凸版印章，一眼看上去，似乎并没什么陷阱和明显的难度。

我给每一页模板、每一枚印章和印花税票都拍了照，这样我就能把它们影印出来，然后选出我要用到的来上色，并加上水印，再用纸板做一个封面，之后把它们粘在一起就可以了。

我花了一周的时间，做出来一个一模一样的空白护照。

我在丁香园咖啡馆和马泰见面，把样本护照还给他，并告诉他我随时都能开始，就等他开绿灯了。

"等我从多米尼加共和国回来再说吧，我到时候会带上名单和照片。"他说完就走了。

一周后，马泰仍然没有回来，我接到了罗兰·杜马斯打来的电话，他想尽快见我。我去到他的住处，他把我介绍给了米歇尔·拉普蒂斯，人称"巴勃罗"，罗兰介绍完后就走了，把我俩单独留在了他办公室套房的客厅里。

虽然我们素未谋面，但我听说过许多关于巴勃罗的事情。他六十岁左右，希腊人，他建立了第四国际的希腊分支，后成为法国托派领袖。在阿尔及利亚战争期间，他像我一样为民族解放阵线提供支持——不过他是在摩洛哥负责一间枪支工厂。他也是当年设计并令荷兰伪钞计划溃败的人之一，那次行动失败导致他和同伴全部被捕，他本人被判入狱十五个月。

巴勃罗以参与过很多解放斗争而闻名。确实，他的名声已经大到当此前罗兰·杜马斯和斯特凡妮来找我帮希腊人对抗校官集团时，我以为他们就是为巴勃罗服务的——虽然我并不确定。

但问题是，不管巴勃罗多风趣或多有革命激情，他都是那种我会想尽一切办法避免接触的人，用地下工作者的行话来说，就是"嘴上没个把门儿的"，他对于警方来说太过有名，话太多了。对于我个人而言，他连做违法工作的头条准则都不遵守：做地下工作时，你必须表现得非常克制，要尽可能远离公众视野和官方平台，因为这事关安全问题和敏感程度。

巴勃罗问我具体为民族解放阵线做些什么。

"摄影。我的专长是艺术品复制，还开了一家小公司。"

"不伪造证件吗？"

"没有。"

我们交换了各自对政治的看法，非常相似；我们也有着共同的价值观，但我仍想同他保持距离，绝口不提我所做的一切。

聊了半小时后，巴勃罗问我是否有能力伪造护照，他说他还带了个样本给我看，然后递过来一本南非护照。

我一句话都没说，把护照接了过来，但打开后，我惊恐地发现，这就是我一周前还给马泰的那本护照。一样的照片，一样的名字，一样的数字和折角。我完全记得这本护照——我曾经仔仔细细地研究过、拍摄过、称重过、一毫米一毫米地观察过。

"如果要一百本的话，你需要做多久？如果是二百本、三百本呢？"

"我不知道。"

"开个价吧。我会满足你的。"

我对于他提到钱这件事感到震惊。又有人把我当成商人了吗？任何一个了解我的人，哪怕只是了解一丁点儿，也知道我决不会接受任何付款。无偿工作是我的根本原则，因为只有这样才能让我在组织里保持绝对的独立，才能保证我的奉献不受腐蚀。

我在巴勃罗面前隐藏起所有这些心理活动，拿走了护照，并说会晚点再告诉他我的决定。

等回到公寓，在厨房里和这本护照"对峙"了一会儿之后，我感到自己极度困倦。照片里的那个南非人正上下地打量着我，态度十分冷漠。我一直坚持只能有一个联络人，选择马泰是因为他是唯一一个我完全信赖的人。他严格遵守我公寓里的所有保密安排，无数次地证明了他没有任何其他企图。他没跟任何人说起过自己的地下活动，从不冒不必要的风险，我俩能够安然无恙地搭档这么多年，靠的并不仅是运气。他的全然独立使得他与其他人不同，他会十分谨慎地选择为谁以及和谁一起工作。

巴勃罗一定觉得帮助南非非洲人国民大会是他的使命，觉得自己是个人物。更重要的是，想要重拾他作为一名国际主义活跃分子的威望——之前在荷兰发生的惨剧严重有损他的名声。对此我并不感到意外。

但我不明白的是，护照是怎么从马泰手里到了他那儿，最终又回到了我手上的。马泰不可能亲自交给巴勃罗，因为他很清楚和一个在警方那里有案底的人共事会有风险，而且当时我们已经一次性解决了制作护照的所有技术问题。那会是居里埃尔吗？如果是那样的话，马泰已经在为居里埃尔工作了，那他为什么还要找一个新的伪造者？

如果马泰真出了什么事的话，我想，从组织里的人或媒体上便能得知，居里埃尔也会想办法直接联系我，而不是通过巴勃罗。而且最重要的是，我确信居里埃尔决不会提出向我付钱。

各种问题在我脑子里乱撞，我理不出个头绪来，而且越来越睡不着。这背后到底是什么呢？有两种可能：要么居里埃尔的组织是这一切混乱的根源，这意味着我很不幸地在跟一群完全不懂风险的初学者打交道；要么是组织已经被渗透了，有警方的探子在幕后操纵，想要毁掉它。

第二天我把护照带回了罗兰·杜马斯家，在一封写给巴勃罗的信里，我告诉他自己无意接他的单。

八月马上就要到了，马泰依然没来找我。我开始有一点担心，每天早上都会把报纸从头到尾读一遍，希望自己不要在上面找到他的名字、关于他的简讯，或者更糟糕的情况——讣告。

和以往每个夏天一样，公司会关门几个星期，奥马尔·布达伍德邀请我去阿尔及利亚找他。莉娅离开后，埃弗利娜成了我的伴侣，虽然现在我们分手了，但仍然是好朋友。当时她想去非洲，于是有一天我提议说，她可以和我一起去阿尔及利亚度假——如果她觉得北非够"非洲"的话，她同意了，于是我们就开始了这段"分手旅行"。

我上一次去阿尔及利亚还是在1953年，独立战争之前，因此我还没去过独立之后的阿尔及利亚。

一些让松组织的前成员在那儿定居，帮助重建那个国家，他们被称作"红脚"，让-马里耶·伯格林就是其中之一。

他一开始是记者，之后当了里昂城市剧院的秘书长，他和我一样在1957年加入民族解放阵线的支持组织，两年后他成为里昂分支的负责人，直到被一个马赛的叛徒举报。后来我们才知道，这个叛徒就是导致让松组织分裂的罪魁祸首。警察来剧院提审他的那天，他找准时机从舞台后面的紧急出口逃走，去了瑞士，后来到了阿尔及利亚。1961年让松组织庭审时，对他进行了缺席审判，最终他被判处十年徒刑，之后他再也没能回到法国。他在阿尔及利亚当上了国家钢铁公司的通信和环境部长。虽然我们素未谋面，但我对他的光荣事迹有所耳闻，再加上长期的电话沟通，已经足够在我们之间建立起一种真正的兄弟情谊。我们等不及要见面了。

我一到阿尔及利亚，伯格林就请我去吃晚饭，我们度过了一次简单、暖心的聚会，好像彼此认识了很久一样。伯格林聪明、热情、真诚，更重要的是有人情味，跟我想象中的他几乎一模一样。第二天他又请我去吃饭，第三天也是，我在阿尔及利亚期间的每天都是。

在一次似乎永远都不会结束的晚餐中，正当我们为解决世界问题聊得开心时，他问我想不想作为客座讲师在阿尔及尔艺术学院上一次为期两周的摄影技术课，我一直都很愿意教年轻人，于是欣然接受，并把时间定在了九月以后。

假期即将结束的时候，我去见了伯格林最后一次，想在离开前告个别。

"约瑟夫，在你走之前我想给你看个东西。"

他引我进了卧室，拿出钥匙小心地打开了抽屉："非洲国家议会的成员联系了我。他们需要一批假护照，好让自己人离开这个国家。这是一个样本。"

当他递过来一本两个角上有着明显折痕的南非护照时，我就有种不祥的预感，等到我打开它……

还是那一本。

我浑身一颤，不由得往后退了一步，然后把护照递回给他，好像很烫手一样。

"等我回来再说吧。"我语无伦次地回应道，然后立刻跳上了一辆出租车。为解放非洲国家而团结起来的组织——这样的组织有很多——全都需要南非护照，这很合理，没有比这再正常的了。但为什么三次都是同一本护照？而且是在三个不同的人手里，他们互相之间根本不认识，甚至都不在同一个国家。又是什么令人费解的神奇引力让这本护照每次都能到我手里？从这些事情当中我能得出什么结论？

在之前的几个月里，已经有好多我不认识的人自我介绍说是民族解放阵线支持组织的朋友让他们来找我做一些证件的，我一个接一个地礼貌回绝了。后来还来了一个油嘴滑舌的人，是民族解放阵线意大利支持组织的前成员，我同意培训他几个月，但最终还是被他惹怒。在教会了他关于制证的一切后，他问我："现在该谈谈钱的事情了，你是如何赚钱的呢？"

尽管我总是极力让自己隐姓埋名，远离公众视野，为此我使用假名、避免一切政治集会，我从不曾展出过自己的照片，也未接受过任何奖章。但我必须面对这个事实：我已经名声在外。现在，我已经处于危险之中了。

在蒙哲路和罗兰路的交岔口，一对年轻的恋人正在接吻，他们坐在卢泰西亚竞技场的对面，就在离那儿的古罗马废墟没几步远的地方。从他们身边经过时我差点踩到他们，随后我走进一栋老公寓楼，楼门吱呀作响，我顺着楼梯上了五楼。

一位看起来像是小学教师的女人带我进到一个阴暗、朴素的房间里，周围墙上都摆满了书。她可能是居里埃尔的妻子。

"进来吧，进来吧。"她一面说着，一面带我进入门廊，她为我指了指一扇通往小办公室的门，那里和整个屋子一样黑。

亨利·居里埃尔跟我打招呼。"终于见到'约瑟夫先生'了！"他喊道，"能在现实中见到最谨慎的幕后推手本人，实在是荣幸之至。"

他又高又瘦，有点驼背，近视的双眼在厚厚的镜片后面显得更小了。他脆弱苍白的外表和教授般的语调，毫无意外地让他得到了"老人"这个绰号。

"我们在从没见面的情况下一起工作多少年了？"他接着说下去，"从 1959 年开始的，是吗？十二年了啊……我们为那些被压迫的兄弟做了很多事情。这次大驾光临是有什么事吗？"

"我连续三次收到了一本一模一样的护照。"

就在我把一个大行李箱放到桌边准备打开时，他一脸疑惑地看着我。

"这些都是给你的：我的印章、所有计算上色配方的笔记、空白证件、每种证件的模板、用来加热塑料外封的机器。把这些都收好，其实还有更多，什么时候方便，我好给你拿过来？"居里埃尔跌进他的扶手椅，丝毫不掩饰自己的气恼。

在回法国的飞机上，我做出了退休的决定，我确信如果自己等下去，就只能期待着在监狱里得到关于那本浑蛋护照的答案了。一旦我被关起来，我的价值也就随之消失了。

伯格林为我提供了一个在国家钢铁公司他的部门里为期两年的职位。一开始我拒绝了，但之后，在他给我护照时我想："为什么不呢？"不过我只接受了一年的工作。

既然我已经暴露，那么再怎么解释也没用，我能做的只是彻底消失——至少得等到情报机构彻底把我遗忘。于是我算了一下，从十七岁开始做伪造者，到现在我四十六岁，已经快三十年了。在这么长的时间里能幸存下来，本身就是一个奇迹。

我知道我的消失对于"老人"的组织来说会是一次打击，所以那天见面时，我答应为他们培训两个伪造证件的学徒，好让马泰能在我退休之后去找他们。至于那些反佛朗哥的西班牙人，我已经为他们培训了一批年轻伪造者，够他们撑一阵子的了。

我的孩子们也都长大了，现在只要他们想，随时都能来见我。我孤身一人，一无所有，剩下的不过是不再续租公寓，并冻结公司的所有资产。之前我逃到比利时时佩蒂特先生曾经历过这些，恐怕他要再经历一次了。

十二月底我飞去了阿尔及尔，打算一年后再回归伪造者的身份。但从那以后，我再也没有伪造过证件，反而在阿尔及利亚待了十年。我在那儿遇到了一个年轻的阿尔及利亚女子，一名法律系的学生，曾作为志愿者参与过安哥拉解放运动，她就是你们的母亲——莱拉。这一次我想重新开始，光明正大地生活，远离之前秘密抗争时的阴影与风暴。

甚至到现在，我都会偶尔想起自己十七岁第一次伪造证件时的样子，我当时能想到这会跟随我一生吗？当时是为了抵抗运动，对于很多人来说，到解放时其实就已经结束了，但对我而言不是。我的伪造者生涯是一场漫长而不间断的抵抗，纳粹之后，我还在继续对抗不平等、不公正、种族歧视与隔离、法西斯主义和独裁。

我知道有很多人不能理解我在"二战"结束后所进行的奋斗事业：既然我已经脱离了危险，为何还要继续冒着被送进监狱和被暗杀的风险，来支持在遥远国度进行的抗争呢？

其实，我所参与的这些抗争，都是我在抵抗运动期间所作所为的一个顺理成章的延续。到 1944 年时，我发现原来一大群人的决心和勇气是可以带来自由的。只要不损害人类的尊严和价值，地下抗争也是一种严肃、有效、值得考虑的方式。

三十年来，我一直在用自己的方式和我手里唯一的武器——技术知识、独创性以及不可动摇的乌托邦理想——来对抗现实。如果我只是在一旁看着，或者什么都不做，必定会感到十分痛苦和煎熬。我的信仰让我有力量去改变现状，为创造一个更好的世界——一个不再需要伪造者的世界——而做出自己的贡献。直到今天，这仍然是我的梦想。

# 后　记


　　为了写父亲的一生，我故意只把重点放在了他的战斗生涯，并在 1971 年他放弃所有秘密政治活动后结束了叙述。我认为他的另一部分生活，即有我参与的那一部分，只对他的家庭和挚友重要。不过在我写到结尾时，仍然有一些问题悬而未决，我知道了他放弃的原因，但之后发生了什么？

　　我打算再问他一些问题。

　　1972 年年初，我去了阿尔及尔，新的一年，新的生活，新的开始。我在课上教授摄影技巧和凸版印刷，讲台下全都是我从阿尔及尔艺术学院专门挑选出来的最有天赋的学生。

　　我原计划于 1973 年年初回巴黎，但一年很快过去……我感觉还不赖，便待久了一点。后来有一天，一个来自安哥拉解放运动的朋友想让我开车去接一名叫莱拉的组织成员，也就是你们的母亲，一名来自阿尔及利亚南部的黑皮肤女孩。她无比美丽，而且，我不得不说，她身边也有很多仰慕者。同时她非常有教养，正在阿尔及尔大学法学院学习，并为非洲的去殖民化做宣传。她对于现代艺术和摄影也很感兴趣，也正是艺术让我俩走到了一起。

由于渴望赢得她的芳心，我想象了一个完全不同的未来。突然之间，我想要重新开始一切，而此前我从未这么想过。我明白，自己能够逃脱被捕和暗杀，已经足够幸运，但说到底，在做了这么多秘密的、地下的、幕后的工作，在为其他人带去生命和自由之后，我有考虑过自己的生活吗？

于是我们结婚了，之后便有了你哥哥阿塔瓦尔帕，然后是何塞，最后是你——就好像在五十岁的时候，生活又赠予了我第二次机会。

"十年后你为什么又回到了法国呢？"

那是莱拉的选择。她感到原教旨主义的浪潮短时间内不会消失，虽然我什么都没观察到，但她看到了。随着时间的推移，她发觉周遭的形势正变得越来越严峻，她很担心你们三个。"我们的小混血们。"她这样说道，也很担心我这个"犹太人"，而且还担心她自己——一个嫁给了我的进步女性。我们希望我们两人的结合会是你们的财富，但现在，似乎只是平白无故地让你们陷入危险之中。于是我们匆忙离开，在 1982 年凭借一张有效期三个月的旅游签证回到了法国，没有任何行李，没找工作，我们就带着三个年幼的孩子，期望到那儿之后一切问题都能尽快解决。作为申请移民的外国人，我们很担心被遣送回原籍，而且不确定具体会被送到哪里。莱拉是阿尔及利亚人，你们三个和我一样，是阿根廷人。回来后，我又在丁香园咖啡馆里看到了乔治·马泰，就像从前一样。

他一直战斗到了 1980 年，也当记者，同时还在做纪录片的制片人。

亨利·居里埃尔是在 1978 年去世的，"红色之手"[1] 的人暗杀了他，就在他位于罗兰路的家门口的电梯前，当时我在阿尔及利亚，从报纸上看到了这件事。我和马泰对亨利的死感到非常悲伤，它为一个时代画上了休止符。我们都老了，消息也不再灵通，八十年代的地缘政治冲突已经超越了我们的认知，我们也不知道大家在争夺什么。我再一次以摄影师的身份开始工作，并申请入籍——因为你们得在一个自由的国度里生活。我们在 1992 年成了法国人，当时我六十七岁，但是个年轻的父亲！我看着你们长大，希望即使我没能给你们一个更好的世界，至少也能向你们传达那些我一直为之奋斗的价值观。如今，我知道自己做到了。

----

[1] "红色之手"（La Main Rouge），被认为是法国情报局的一个秘密分支，通过破坏和暗杀的方式来消灭文件和讨厌的人。亨利·居里埃尔的死被认为是红色之手或秘密军组织造成的，虽然不完全确定。——原注

## 致谢

　　感谢同我分享那段记忆的人们，我想感谢丹尼斯·伯杰、奥马尔·布达伍德、玛丽-艾琳·柯勒诺、海琳·居埃纳、管家罗兰·杜马斯、阿妮塔·费尔南德斯、管家阿里·哈龙、何塞·希波利托·多斯桑托斯、弗朗西斯·让松、莱拉·卡明斯基、玛莎·卡明斯基、保罗·卡明斯基、玛斯琳·洛里丹、约拉姆·穆切尼克、尼科、萨拉·伊丽莎白·佩恩、贝勒卡西姆·拉哈尼、奥雷莉·理卡德、安妮特·罗杰尔、苏西·罗森博格、保罗-路易斯·吉拉尔和让-皮埃尔·范-廷格母。

　　感谢埃蒂安·科恩-塞阿特、阿尔班·费舍尔、尼科尔·热克斯、莱拉·卡明斯基阅读了手稿。

隐身大师

[法] 萨拉·卡明斯基 著

廖晓玮 译

**图书在版编目 (CIP) 数据**

隐身大师 / (法) 萨拉·卡明斯基著；廖晓玮译
.-- 北京：北京燕山出版社，2019.11
ISBN 978-7-5402-5448-3

Ⅰ.①隐… Ⅱ.①萨…②廖… Ⅲ.①萨拉·卡明斯
基—自传 Ⅳ.① K835.655.6

中国版本图书馆 CIP 数据核字 (2019) 第 229495 号

Adolfo Kaminsky, une vie de faussaire
by Sarah Kaminsky

© Calmann-Lévy, 2009
Simplified Chinese edition © 2019 by United Sky (Beijing)
New Media Co., Ltd.

北京市版权局著作权合同登记号 图字:01-2019-5818 号

选题策划　联合天际
特约编辑　王茗一
内文制作　常　亭
版式设计　汐　和
封面设计　Domino

责任编辑　郭　悦　李瑞芳
出　　版　北京燕山出版社有限公司
社　　址　北京市丰台区东铁匠营苇子坑 138 号嘉城商务中心 C 座
邮　　编　100079
电话传真　86-10-65240430（总编室）
发　　行　未读（天津）文化传媒有限公司
印　　刷　三河市冀华印务有限公司
开　　本　880mm×1230mm　1/32
字　　数　138 千字
印　　张　7 印张
版　　次　2019 年 11 月第 1 版
印　　次　2019 年 11 月第 1 次印刷
书　　号　ISBN 978-7-5402-5448-3
定　　价　49.80 元

关注未读好书

未读 CLUB
会员服务平台

1944 年，十九岁的阿道夫·卡明斯基在摄影室的自拍像。

弗朗西斯·让松的伪造证件，这里是两张比利时身份证和一本摩洛哥护照。

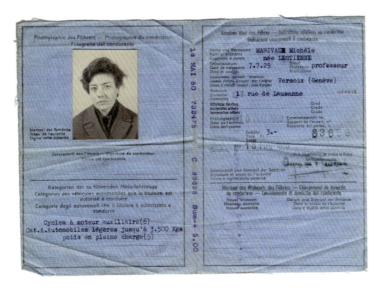

1961 年，海琳·居埃纳逃离监狱后使用的伪造证件。
上：一本瑞士驾照。下：一张瑞士身份证。

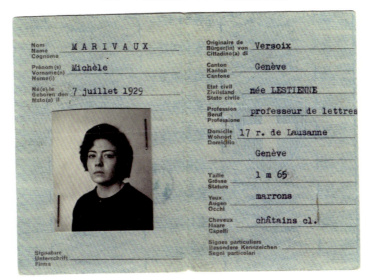

尤内尔路证件伪造实验室里用来洗胶卷和存放化学品的暗房。

1944 年，位于雅克布路二十一号的第六部和国家解放运动的化学实验室。

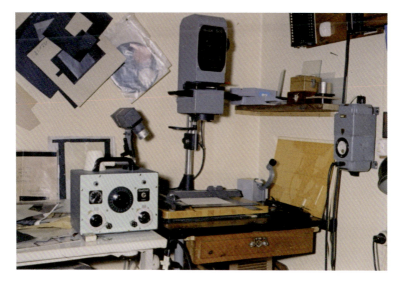

1960 年，尤内尔路实验室里用来放大和印刷的房间一角。

1958 年，尤内尔路实验室，在一堆照相投影仪里有一台带手摇曲柄的平版印刷机。

1947年，阿道夫·卡明斯基在位于埃克斯路的哈加纳证件伪造实验室里的自拍像。

1960年，阿道夫·卡明斯基在尤内尔路实验室。

1948 年，在枫丹白露森林的自拍照。阿道夫·卡明斯基当时所选的这个背景暗示了他的流亡生涯。

阿道夫·卡明斯基现在的肖像。